DESTINATIONS DE RÊVE

LES PLUS BEAUX ENDROITS DU MONDE

97-B, Montée des Bouleaux, Saint-Constant, Qc, Canada, J5A 1A9
Tél.: 450 638-3338 Téléc.: 450 638-4338
Internet: www.broquet.qc.ca Courriel: info@broquet.qc.ca

DESTINATIONS DE RÊVE

LES PLUS BEAUX ENDROITS DU MONDE

SOMMAIRE

34 Bruges

188 La vallée d'Haukadalur

10 Stonehenge

8 La Chaussée des Géants

30 Paris

124 Le parc de Banff

128 Churchill

146 La Nouvelle-Angleterre

22 Le Mont-Saint-Michel

134 Yellowstone

142 Les monuments de Washington

26 Le Val de Loire

120 Vancouver

132 Monument Valley

14 L'Alhambra

18 Barcelone

138 Les Everglades

154 Chichén Itzá

158 La Havane

150 Le jour des Morts au Mexique

162 Les forêts de nuages du Costa Rica

180 Manaus et l'Amazone

166 Les Galápagos

170 L'Inca Trail

184 Les chutes d'Iguaçu

116 Rapa Nui

178 Le glacier Perito Moreno

174 La Terre de Feu

40 Hammerfest

52 Saint-Pétersbourg

38 Neuschwanstein

46 Venise

56 La Cappadoce

92 La Grande Muraille

72 Samarkand

96 La Cité interdite

50 Les Météores

58 Pétra

76 Le Taj Mahal

100 Kyoto

42 Rome

62 D'Assouan à Louqsor

80 Le Chemin de fer du Darjeeling

84 Angkor Vat

68 Les chutes Victoria

88 Borobudur

108 La Grande Barrière

66 La côte des Squelettes

104 Uluru

112 La Tasmanie

INTRODUCTION

Cet ouvrage décrit cinquante sites ou monuments parmi les plus extraordinaires de notre planète; nombre d'entre eux sont d'ailleurs inscrits sur la liste du patrimoine mondial de l'Unesco, soit en raison de leur beauté naturelle, soit du fait de leur valeur culturelle. Ces lieux hors du commun que chacun rêve de visiter un jour se répartissent sur l'ensemble du globe, de la ville la plus septentrionale de la Terre, où les aurores boréales illuminent la nuit polaire, à la Terre de Feu, de l'autre côté du monde.

De tous les sites édifiés de main d'homme qui sont évoqués dans ces pages, le plus ancien est sans doute le cercle mégalithique de Stonehenge, qui se dresse depuis plus de cinq mille ans au milieu de la plaine de Salisbury, au Royaume-Uni. Pétra, l'incroyable ville taillée dans les parois de grès rose d'un canyon en plein désert, date d'environ deux mille ans. Les ruines de Thèbes, la capitale de l'Égypte à l'époque du Nouvel Empire, remontent quant à elles au XVIe siècle av. J.-C.

Il est des quartiers, des villes et même des régions entières dont le style est typique d'une époque donnée. À Rome, le Colisée et le Panthéon illustrent la puissance et de la richesse de l'une des plus grandes civilisations de l'Antiquité. À Bruges, de magnifiques églises gothiques témoignent de l'âge d'or de la ville qui était au Moyen Âge l'un des plus grands centres commerciaux de l'Occident. Venise a peu changé depuis que ses somptueux palais Renaissance ont été bâtis sur les bords du Grand Canal. Si le Barri Gòtic de Barcelone est le plus grand quartier gothique d'Europe, la ville est plus célèbre encore pour son architecture « moderniste » marquée par le génie visionnaire d'Antoni Gaudí. La vallée de la Loire est jalonnée de splendides châteaux édifiés par les rois et les nobles de la Renaissance. La Havane, la vibrante capitale de Cuba, regorge d'élégantes constructions coloniales léguées par ses anciens maîtres espagnols. Enfin, parmi les villes modernes illustrées dans cet ouvrage, on citera Vancouver dont les gratte-ciel s'élèvent en rangs serrés au pied d'impressionnantes montagnes enneigées.

On trouvera aussi dans ces pages des monuments et des sites spectaculaires érigés par des civilisations disparues. Ces réalisations admirables soulèvent bien des questions, restées sans réponse. C'est le cas de la cité de Machu Picchu, perchée dans les Andes péruviennes. Elle a probablement été construite au milieu du XVe siècle, mais sa fonction exacte demeure un mystère : ces palais étaient-ils la résidence d'hiver des dirigeants incas, ou bien le site tout entier était-il consacré au culte des divinités incas? On l'ignore. Plus mystérieuses encore sont les centaines d'énormes statues de pierre qui se dressent sur une île perdue du Pacifique Sud nommée Rapa Nui – plus connue sous le nom d'île de Pâques. On ne sait pratiquement rien du peuple qui a érigé ces statues aux traits stylisés, dont les fonctions, vraisemblablement religieuses, restent une énigme. En revanche, on en sait beaucoup plus sur l'Empire khmer, qui contrôla de vastes portions de l'Indochine entre le IXe et le XVe siècle de notre ère et qui nous a légué le gigantesque temple d'Angkor Vat, dans l'actuel Cambodge. Cet extraordinaire ensemble architectural est une représentation symbolique du mythique mont Meru, le séjour des dieux hindous, centre de l'Univers. De la même façon, l'immense temple pyramidal de Borobudur, sur l'île de Java, en Indonésie, constitue une traduction architecturale de la cosmologie bouddhiste. La visite de cet édifice colossal – c'est le plus grand temple bouddhiste du monde – est aussi un cheminement spirituel à travers les trois niveaux successifs – les trois « mondes » – qui mènent au nirvana.

Nombre des monuments décrits dans ces pages ont une fonction religieuse. Les temples de Kyoto, l'ancienne capitale du Japon, datent pour certains du VIIIe siècle. Ils sont particulièrement beaux à l'époque du hanami, la floraison des cerisiers chère au cœur des Japonais, lorsqu'ils se profilent au-dessus des nuées de pétales roses. Étape majeure de la route de la Soie, Samarkand abrite certains des plus beaux monuments de l'architecture islamique : sur la place du Registan s'élèvent trois immenses medersas couvertes de magnifiques mosaïques. Kukulkán, le serpent à plumes, était la plus importante des divinités mayas adorées par les habitants de Chichén Itzá, dans la péninsule du Yucatán. L'immense pyramide à degrés dédié à Kukulkán a été construite entre le Xe et le XIIIe siècle ; la précision de son orientation témoigne du niveau élevé de connaissances atteint par les Mayas en matière d'astronomie. Chaque année, lors des équinoxes, le soleil dessine sur les degrés de la pyramide une ombre sinueuse qui évoque la forme d'un gigantesque serpent. À l'époque où les Mayas édifiaient ce temple, des artisans français bâtissaient une abbaye sur un îlot de la côte normande. Dédiée à l'archange saint Michel, dont la statue couronne sa plus haute flèche, l'abbaye du Mont-Saint-Michel est devenue l'une des plus grandes attractions touristiques du pays. À l'autre bout du monde, au cœur du continent australien, Uluru – autrefois appelé Ayers Rock – demeure un lieu sacré pour les populations aborigènes qui vivent dans ces régions depuis plus de quarante mille ans.

Les merveilles de la nature ne sont pas oubliées. Geysers et volcans, montagnes, chutes d'eau, forêts tropicales, déserts : notre planète regorge de joyaux d'une infinie variété, des écosystèmes fascinants des Everglades aux aurores boréales qui ondulent dans les ténèbres glaciales de la nuit polaire. Les forêts de nuages du Costa Rica présentent à elles seules une biodiversité supérieure à celle de l'Europe tout entière. La richesse de la flore et de la faune endémiques des îles Galápagos est tout aussi prodigieuse – c'est là que Charles Darwin commença à élaborer sa théorie de l'évolution qui allait bouleverser les principes scientifiques et philosophiques jusque-là admis. En Islande comme à Yellowstone, les geysers projettent vers le ciel leurs panaches d'eau et de vapeur, tandis que, dans les solitudes glacées de la Patagonie, le glacier de Perito Moreno progresse lentement vers le lac où ses séracs s'effondrent dans un fracas de tonnerre. À la frontière de la Zambie et du Zimbabwe, le Zambèze franchit les chutes Victoria, qui comptent parmi les plus puissantes du monde. Leur beauté n'est égalée que par celle des chutes d'Iguaçu, formidable cataracte formée par la réunion d'environ trois cents chutes d'eau plus petites. Dans ses mises en scène à grand spectacle, la nature se montre parfois facétieuse. En Irlande du Nord, une énorme coulée de basalte forme un pavement de dalles hexagonales si régulier qu'on a longtemps cru qu'il était l'œuvre de géants, d'où son nom : la Chaussée des Géants. Il y a également bien des merveilles à découvrir sous la surface des océans, notamment au sein de la Grande Barrière, un immense récif corallien qui s'étire sur 3 000 kilomètres au nord-ouest des côtes de l'Australie. Des centaines d'espèces animales peuplent ses eaux, parmi lesquelles des tortues, des requins et des lamantins. L'ours polaire, le plus gros mammifère carnivore terrestre, est devenu le symbole de la ville de Churchill, au Canada. Chaque année, à l'approche de l'hiver, des centaines d'ours blancs convergent vers cette petite bourgade isolée du Manitoba, attendant que la baie d'Hudson soit prise par les glaces : les phoques qu'ils chassent sur la banquise constituent en effet leur principale source de nourriture.

En ce début de XXIe siècle, rares sont les endroits encore préservés de l'empreinte de l'homme. Parmi les dernières zones de nature sauvage existant encore sur terre, on peut citer la côte des Squelettes, en Namibie, une longue bande côtière parsemée de carcasses de baleines et d'épaves de navires qui se sont échoués au pied des dunes noyées de brume. Il subsiste encore de vastes zones de la forêt amazonienne qui n'ont jamais été cartographiées, et dans lesquelles vivent des populations qui n'ont jamais eu de contact avec le monde extérieur. En Tasmanie, une vaste portion de l'île est désormais une réserve naturelle protégée par l'Unesco. On y trouve l'un des plus beaux chemins de grande randonnée du monde : la célèbre Overland Track.

D'autres itinéraires de randonnée ou de croisière sont évoqués dans cet ouvrage. La piste de l'Inca est un trek spectaculaire à travers les Andes péruviennes, qui aboutit au site grandiose de Machu Picchu déjà évoqué. La Wilderness Waterway est un parcours de huit jours en canoë à travers les marécages des Everglades, en Floride. En Égypte, on embarquera à bord des felouques qui descendent le Nil d'Assouan à Louqsor. En Inde, le délicieux « Toy Train » effectue quotidiennement sa vertigineuse ascension au pied des pics enneigés de l'Himalaya, depuis les plaines étouffantes du Bengale jusqu'à la station de montagne de Darjeeling, à 2 128 mètres d'altitude. La Grande Muraille de Chine se prolonge sur des milliers de kilomètres à travers les montagnes, les ravins et les déserts : le randonneur qui la parcourt a conscience d'arpenter le plus grand édifice jamais construit par la main de l'homme.

LA CHAUSSÉE DES GÉANTS

Chaussée des Géants

IRLANDE DU NORD

Pays Royaume-Uni
(Comté d'Antrim, Irlande du Nord)

Continent Europe

Âge 60 millions d'années

Superficie 4 km²

Inscription au patrimoine mondial
de l'Unesco : 1986

Site Internet www.northantrim.com/giantscauseway.htm

« *Lorsque le monde a été modelé et façonné à partir du chaos informe, voilà ce qui en est resté – un vestige du chaos* », écrivit le romancier britannique William Thackeray en 1842 après avoir visité la Chaussée des Géants – *Clochán na bhFómharach* en gaélique. Situées dans le cadre sauvage de la côte nord-est de l'Irlande, les colonnes de basalte, dont l'ordonnancement régulier a longtemps nourri les légendes des géants, sont balayées par les vagues, tandis que les oiseaux de mer tournoient au-dessus des falaises déchiquetées.

Selon la plus célèbre de ces légendes, la chaussée serait l'œuvre d'un héros irlandais, le géant Fionn MacCumhaill – ou Finn McCool. Celui-ci l'aurait construite pour aller affronter son ennemi, le géant Benandonner qui vivait sur une île au large de l'Écosse. Même si le paysage surnaturel rend crédibles les mythes des géants, on sait aujourd'hui que la chaussée résulte d'une violente éruption volcanique qui s'est produite il y a 60 millions d'années. Une coulée de lave, en se refroidissant, s'est fracturée en des milliers de colonnes basaltiques verticales, à la section hexagonale caractéristique, formant ainsi cet étonnant pavage.

La « découverte » du site en 1693 déclencha des débats passionnés parmi les savants et les naturalistes de l'époque : ce phénomène apparemment unique était-il l'œuvre des forces de la nature ou de la main de l'homme ? Ce n'est qu'en 1771 qu'un savant français mit en évidence ses origines volcaniques. Classée au patrimoine mondial de l'Unesco, la chaussée est aujourd'hui une réserve naturelle, et l'un des sites touristiques les plus visités d'Irlande du Nord.

Les colonnes de basalte de la Chaussée des Géants semblent si soigneusement agencées que l'on a vraiment cru, jusqu'au XVIII e siècle, qu'elles étaient l'œuvre de géants.

CONSEILS AUX VOYAGEURS

Quand s'y rendre – À marée basse, lorsque la chaussée est découverte. Il y a moins de visiteurs tôt le matin ou en fin d'après-midi.

À voir – Certaines des colonnes de basalte présentent des formes fantastiques, comme la Chaise du vœu, le Chameau ou la Harpe.

Ne pas oublier – Emprunter l'un des chemins qui parcourent le site pour observer les oiseaux de mer : pétrels, cormorans huppés ou hochequeues.

STONEHENGE

ANGLETERRE
Stonehenge

Pays Royaume-Uni (Wiltshire, Angleterre)

Continent Europe

Date de construction v. 3000–1500 av. J.-c.

Superficie 1 200 m²

Inscription au patrimoine mondial
de l'Unesco : 1986

Site Internet www.stonehenge.co.uk/

Le cercle mégalithique de Stonehenge est l'un des monuments les plus célèbres au monde. Cet étrange édifice demeure toutefois auréolé de mystère, et l'on ignore presque tout de l'obscure peuplade qui a dressé ses énormes pierres.

Si la datation exacte et les fonctions du site font l'objet de théories divergentes, la plupart des spécialistes s'accordent sur la chronologie de sa construction. Stonehenge aurait ainsi été élaboré en trois étapes, mais le site était déjà un lieu de culte important près de 4 000 ans avant l'érection des premiers mégalithes. La toute première circonvallation – levée de terre

circulaire bordée d'un fossé – a été creusée vers 3000 av. J.-C. dans le sol crayeux de la plaine de Salisbury, une vaste étendue plate du sud-ouest de l'actuelle Angleterre. Environ un siècle plus tard, une structure en bois, dont il ne subsiste évidemment rien, a été élevée sur le site. La deuxième étape de la construction de Stonehenge, la plus importante, se situe aux alentours de 2500 av. J.-C., date à laquelle les premières pierres apportées sur le site ont été disposées en cercle. Les plus anciennes sont les fameuses « pierres bleues », pesant chacune près de quatre tonnes, qui proviennent des collines de Preseli, au pays de Galles, distantes de 250 kilomètres. Lorsqu'elles sont mouillées,

Stonehenge continue d'intriguer les archéologues : était-ce un lieu de culte ou une sorte de calendrier géant – ou bien encore autre chose ?

ces pierres se teintent d'une délicate nuance bleutée. Plus tard, lors de la troisième phase de la construction, des blocs encore plus gros – en grès « sarsen » – ont été acheminés sur le site pour former le cercle extérieur. Disposés en trilithes – deux blocs verticaux surmontés d'un troisième faisant office de linteau –, ces mégalithes confèrent à Stonehenge son allure caractéristique.

À l'intérieur de ce cercle, les bâtisseurs ont dressé cinq paires de mégalithes, plus massifs, disposées en fer à cheval. La disposition de ces pierres a été modifiée par la suite : le cercle de pierres bleues a été démantelé, certaines de ses pierres ont été éliminées, d'autres ont été déplacées. On estime que le site a été abandonné au cours du second millénaire avant J.-C.

Les fonctions exactes de ce lieu cultuel important demeurent mystérieuses. Certains y voient une sorte d'observatoire astronomique, invoquant le fait que les monolithes semblent alignés en fonction de la course du Soleil et de celle de la Lune. De récentes études établissent un lien entre Stonehenge et les Murs de Durrington, le plus grand henge – ou circonvallation néolithique – d'Angleterre, situés à 3 kilomètres de là. Les deux sites auraient été liés l'un à l'autre : avec ses cercles d'énormes poteaux de bois, Durrington Walls aurait représenté le monde des vivants, tandis que Stonehenge et ses pierres insensibles au temps figureraient le royaume des morts. Les ossements humains calcinés retrouvés à Stonehenge, vestiges de crémations, pourraient appartenir aux membres d'une caste privilégiée, voire d'une famille royale.

Les datations au radiocarbone ont montré que des corps ont été enterrés sur le site dès l'origine. Le nombre élevé des sépultures a conduit certains scientifiques à supposer que le site pouvait être un sanctuaire voué à la guérison des malades. La découverte de l'archer d'Amesbury, enseveli sur le site vers 2300 av. J.-C., conforte cette thèse. L'examen du squelette a révélé qu'il était originaire des Alpes, et qu'il souffrait d'une grave blessure à la jambe.

L'ALHAMBRA

Pays Espagne (Grenade, Andalousie)

Continent Europe

Date de construction À partir de 1238

Superficie 142 000 m²

Inscription au patrimoine mondial de l'Unesco : 1984

Site Internet www.alhambradegranada.org/fr/

L'âme d'Al-Andalus, l'Andalousie arabo-musulmane, est toujours présente dans l'Alhambra, le fascinant palais-forteresse qui domine Grenade. En parcourant son dédale de salles aux délicats décors de stucs, en flânant dans ses jardins parfumés, on se retrouve transporté en plein XIVᵉ siècle, à l'époque où Grenade, dernier royaume musulman subsistant en Espagne, était dirigée par la dynastie des Nasrides.

Ce sont les grands bâtisseurs de la dynastie nasride, l'émir Yusuf Iᵉʳ (1333/1354) et son fils Mohammed V (1353/1391) qui ont transformé la citadelle de l'Alhambra en un gracieux

palais. Le nom même d'Alhambra vient de l'arabe Al Qal'at al-Hamra, «la forteresse rouge»: c'est ainsi qu'était désignée l'ancienne citadelle construite en brique rouge. Le nouveau palais, quoique revêtu d'un blanc éclatant, a conservé le nom. Conçue comme «le paradis terrestre», l'Alhambra présente une succession de palais à l'architecture raffinée, de thermes et de jardins aux fontaines murmurantes, alimentées en permanence par un canal, le «canal du Sultan». Les architectes des palais nasrides ont même intégré dans leur plan les pics enneigés de la Sierra Nevada qui se dressent en toile de fond. L'ancienne citadelle a été presque entièrement démolie lors

À l'aube, les rayons du soleil levant illuminent l'Alhambra d'un rougeoiement qui justifie son surnom de «forteresse rouge».

de la construction du nouvel Alhambra. Il n'en subsiste qu'une imposante tour de guet, la Torre de la Vela, à l'extrémité nord-ouest du complexe, qui offre une vue splendide sur la ville en contrebas.

Merveilleusement décorés par les meilleurs artistes de l'époque, les palais nasrides, qui communiquent entre eux,

CONSEILS AUX VOYAGEURS

Quand s'y rendre – Durant la haute saison, de juin à début septembre, il est recommandé de réserver son ticket d'entrée longtemps à l'avance.

À voir – De mars à octobre, des visites nocturnes permettent de visiter les Palacios Nazaríes dans une ambiance unique (mardi, vendredi et samedi, 22 h-23 h 30).

Ne pas oublier – Prendre le temps de flâner dans les jardins parfumés du palais du Generalife.

Le palais d'été du Generalife est situé à l'extrémité orientale de l'Alhambra. Ses jardins odorants, à l'atmosphère bercée par le chant des oiseaux et le gargouillis des fontaines, sont une splendeur. Disposés en terrasses, ils offrent des points de vue sur le quartier arabe dont les maisons aux murs chaulés s'étagent sur les flancs de la colline.

forment le cœur de l'Alhambra. Si certaines parties ont été réaménagées sans grâce, ou même détruites après la Reconquista par les « Rois Catholiques » Ferdinand et Isabelle, en 1492, l'Alhambra reste l'un des palais arabes les mieux conservés au monde. La simplicité des matériaux utilisés dans les ornementations – le bois, le stuc et la faïence – symbolise la précarité de la vie sur terre ; l'art exquis avec lequel ils sont travaillés est un hommage à la gloire éternelle de Dieu. L'eau est omniprésente : dans le miroir limpide des bassins comme dans le frais ruissellement des fontaines.

Située dans le premier palais, la cour des Myrtes est l'un des plus beaux patios de l'Alhambra. Son centre est occupé par un long bassin carrelé, entouré d'une haie de myrtes et surplombé par des arcades de stuc délicatement travaillées. Le plus majestueux des patios, celui des Lions, offre une représentation des jardins du Paradis. Au centre de l'Alhambra et de forme rectangulaire, il est divisé en quatre secteurs délimités par les quatre canaux s'écoulant de la fontaine centrale, qui figurent les quatre fleuves du paradis musulman. Les salles voisines de ce patio sont les plus richement décorées de l'Alhambra, avec une profusion d'ornementations dont d'extraordinaires plafonds à muqarnas – des stalactites en nid d'abeille. Les plus beaux sont ceux de la salle des Deux Sœurs et de la salle des Abencérages – du nom d'un clan maure dont les membres auraient été massacrés dans cette salle en 1492. La salle des Rois, qui jouxte le patio des Lions, est magnifiquement ornée de peintures sur panneaux de cuir, représentant les rois nasrides qui régnèrent sur Grenade au XIVᵉ siècle.

Au centre du patio des Lions se trouve la fontaine qui lui donne son nom, ornée de douze statues de lion. La cour est bordée de tous côtés par une galerie soutenue par de gracieuses colonnes de marbre blanc.

BARCELONE

Pays Espagne (Catalogne)

Continent Europe

Superficie 101 km²

Inscription au patrimoine de l'Unesco :
1984 (œuvres de Gaudí),
1997 (Palais de la Musique, Hôpital San Pau)

Site Internet www.barcelonaturisme.com/

Barcelone, la plus flamboyante des villes espagnoles,
est située sur la côte méditerranéenne, entre collines et plages.
Le cœur de la ville, le Barri Gòtic, dédale de petites ruelles
et de placettes obscures, est le plus vaste quartier gothique
d'Europe. Au-delà s'étend l'Eixample – « l'extension »,
en catalan –, un quartier qui s'est développé au XIXe siècle
à la périphérie du noyau médiéval de la cité, où l'on trouve
un large assortiment d'édifices « modernistes ». Les plus
extravagants sont nés de l'imagination d'Antoni Gaudí.
Les tours de la Sagrada Familia, son chef-d'œuvre inachevé,
restent encore aujourd'hui le symbole de la ville.

Barcelone est la capitale d'une province longtemps indépendante,
la Catalogne. Aujourd'hui, celle-ci possède toujours sa propre
langue et ses traditions spécifiques, et préserve jalousement
un héritage culturel différent de celui du reste de l'Espagne.
À Barcelone, on parle catalan avant de parler castillan, et
les panneaux indicateurs sont libellés en catalan. Barcelone
se considère en avance sur la capitale de l'Espagne, Madrid,
pour tout ce qui relève de la culture et de la création. La ville
s'est métamorphosée à l'occasion des jeux Olympiques de
1992, et sa collection d'architectures audacieuses s'est encore
élargie. De la Torre Agbar multicolore de Jean Nouvel (2004)
à l'hôtel Vela de Ricardo Bofill, déployé telle la voile d'un
navire au-dessus du port (2009), Barcelone demeure
à l'avant-garde de l'architecture moderne.

CONSEILS AUX VOYAGEURS

Quand s'y rendre – Bercée par un climat doux, Barcelone se visite tout au long
de l'année. En mai et juin, les jardins sont en fleur.

À voir – Barcelone possède une réputation méritée en matière de chocolat
depuis que la fève de cacao originaire d'Amérique a été introduite dans le pays.

Ne pas oublier – Se souvenir qu'on se trouve en Catalogne dont la langue
et la culture sont différentes de celles du reste de l'Espagne.

La célèbre avenue de La Rambla traverse les quartiers denses de la vieille ville. Elle est agrémentée de kiosques qui vendent toutes sortes d'articles, depuis des fleurs jusqu'à des canaris.

Construite au XIXᵉ siècle, la Plaça Reial, dans le Barri Gòtic, est dotée d'une superbe fontaine et de réverbères richement ornementés dessinés par le jeune Antoni Gaudí. Elle est bordée de bars et de restaurants dont les tables s'étalent en terrasse, en l'absence de circulation automobile.

La Casa Battló est une maison de style moderniste bâtie sur les plans d'Antoni Gaudí. Elle illustrerait la légende de saint Georges, patron de la Catalogne, et du dragon. Son toit aux formes ondulées évoque un dos de dragon et les poteaux soutenant les ouvertures des fenêtres sont en forme d'os. À l'intérieur, aucune perspective n'offre de ligne droite.

Le quartier gothique témoigne de l'âge d'or qu'a connu la ville entre le XIIIe et le XVe siècle. La basilique de Santa Maria del Mar, splendide église du XIVe siècle, est révélatrice de la prospérité des marchands du Moyen Âge, dont le négoce maritime fit la fortune de la ville. Leurs élégantes demeures, avec leurs escaliers extérieurs et leurs belles cours pavées, bordent toujours la Carrer Montcada – cinq de ces demeures ont été aménagées pour accueillir le musée Picasso de Barcelone. Le Barri Gòtic est dominé par les imposantes tours de la cathédrale de La Seu, érigée en grande partie entre le XIIIe et le XVe siècle sur les ruines d'une basilique wisigothe.

Le rattachement de la Catalogne au royaume d'Espagne, à la suite du mariage de Ferdinand d'Aragon et d'Isabelle de Castille, en 1469, a marqué la fin de l'âge d'or de Barcelone. La ville n'a repris son essor qu'au XIXe siècle, avec la création du quartier de l'Eixample aux larges avenues bordées d'élégantes résidences. Les Barcelonais fortunés firent appel aux meilleurs architectes de l'époque pour construire leurs demeures, et l'Eixample est ainsi devenu une vitrine de l'architecture « moderniste ». Le modernisme catalan, qui n'est pas sans rapport avec l'Art nouveau français, se caractérise par ses lignes sinueuses, ses formes organiques et l'exubérance de ses ornementations. Parmi ses représentants les plus fameux figurent Josep Puig i Cadafalch, Lluís Domènech i Montaner et bien sûr Antoni Gaudí, dont l'imagination quasi surréaliste a imprimé sa marque sur toute la ville, avec d'extraordinaires réalisations comme l'immeuble de La Pedrera, qui ressemble à un chou à la crème, ou le parc Güell, avec ses pavillons insolites et son fameux banc en mosaïque ondulant comme un long serpent.

La plus célèbre création d'Antoni Gaudí est l'énorme cathédrale toujours inachevée de la Sagrada Familia, dont les flèches surmontées par des bulbes sont visibles de tous les quartiers de la ville.

LE MONT-SAINT-MICHEL

Pays France (Normandie)

Continent Europe

Date de construction À partir de 708

Superficie 958 000 m^2

Inscription au patrimoine de l'Unesco : 1979

Site Internet www.ot-montsaintmichel.com/

Îlot escarpé dominant une vaste étendue de sables mouvants, le Mont-Saint-Michel est couronné par la silhouette élancée d'une énorme abbaye médiévale consacrée à l'archange saint Michel dont la statue trône au sommet du clocher.

Le mont, cône de granit planté à quelques centaines de mètres de la côte normande, est relié à la terre par un isthme étroit qui disparaît sous les eaux lors des grandes marées. En 708, selon la légende, saint Michel apparut en songe à saint Aubert, évêque d'Avranches, et lui ordonna de construire un oratoire sur l'îlot. Aubert n'ayant pas tenu compte de ses injonctions, l'archange

CONSEILS AUX VOYAGEURS

Quand s'y rendre - Éviter les grandes marées de mars et septembre, lorsque des routes et des parkings sont submergés une partie de la journée.

À voir - La modeste chapelle de Saint-Aubert (XVᵉ s.), perchée sur un rocher dominant le rivage, à l'extérieur des remparts de la cité.

Ne pas oublier - Ne pas s'aventurer sans guide sur les espaces découverts entourant le mont à marée basse. Le flot montant progresse très vite dans la baie.

lui apparut de nouveau et, pour lui signifier son courroux, pointa son doigt sur le front de l'évêque, y laissant un trou – le crâne percé de saint Aubert est toujours conservé dans une châsse richement ornée, exposée au musée d'Avranches.

Aubert fit donc construire un premier oratoire dont il ne reste plus rien aujourd'hui. En 966, une communauté de moines bénédictins s'établit sur l'île et entreprit d'agrandir l'église. L'abbatiale romane, dont la construction débuta au Xᵉ siècle, constitue le cœur de l'abbaye, mais les plus beaux bâtiments de l'ensemble, de style gothique, ont été édifiés au XIIIᵉ siècle.

Le Mont-Saint-Michel et sa baie sont classés au patrimoine mondial de l'Unesco. Le site accueille plus de trois millions de visiteurs par an.

Cette partie de l'abbaye, appelée la Merveille, comprend notamment le réfectoire des moines, le cloître et quelques logis. Elle est construite sur trois niveaux appuyés sur la pente du rocher. La construction de la Merveille a été financée par le roi de France Philippe Auguste (1165-1223), en réparation des destructions infligées à l'abbaye par ses troupes lors de sa vaine tentative pour s'emparer du Mont en 1203.

LE MONT-SAINT-MICHEL

23

La rue pavée unique qui conduit des remparts à l'abbaye située au sommet du mont est bordée de nombreux restaurants, auberges et boutiques de souvenirs. Ils étaient certainement moins nombreux il y a mille ans, lorsque le Mont-Saint-Michel était fréquenté par des pèlerins plutôt que par des touristes.

L'abbaye du Mont-Saint-Michel devint un haut lieu de culture monastique et un centre de pèlerinage. Fortifié en 1256, le Mont a résisté à de nombreux sièges, en particulier lors la guerre de Cent Ans (1337-1453), durant laquelle il fut la seule partie du nord-ouest de la France qui ne tomba jamais aux mains des Anglais grâce – pensait-on – à la protection de l'archange saint Michel. Les pèlerins continuèrent à affluer vers l'abbaye, malgré tous les dangers que la baie leur réservait – marées, nappes de brouillard et sables mouvants. Dès le XIVᵉ siècle, auberges, tavernes et boutiques vendant amulettes et souvenirs se multiplièrent le long de la route menant au Mont.

Au XVIIIᵉ siècle, l'abbaye périclita et les moines finirent par quitter le Mont en 1790. Durant la Révolution française, elle fut transformée en prison, et l'on continua d'y incarcérer des prisonniers politiques jusqu'en 1863. Dix ans plus tard, le site fut classé monument historique et un vaste programme de restauration fut lancé. C'est dans le cadre de cette restauration qu'a été élevée la flèche couronnée par la statue de saint Michel qui domine aujourd'hui l'abbaye. En 1879, on construisit une digue d'accès de 900 mètres afin de relier l'îlot au continent. Mais celle-ci a accéléré l'ensablement de la baie et augmenté l'amplitude des marées – déjà la plus forte d'Europe. C'est pourquoi la digue est actuellement en cours de démolition ; elle devrait être remplacée à terme par un passage à gué et une passerelle pour piétons. Le Mont redeviendra ainsi une île à marée haute. On notera que, depuis 1966, une petite communauté de moines est à nouveau installée dans l'abbaye.

La construction de l'abbaye a donné lieu à des prouesses architecturales. La partie la plus remarquable demeure le bâtiment double de la Merveille, un ensemble gothique sur trois niveaux accroché au flanc nord du mont.

LE VAL DE LOIRE

Val de Loire

FRANCE

Pays France (Région Pays de la Loire)

Continent Europe

Date de construction La plupart
des châteaux datent du XVIe siècle

Superficie 22 000 km²

Inscription au patrimoine mondial de l'Unesco :
2000 (Val de Loire de Sully-sur-Loire à Chalonnes)

Site Internet www.chateauxtourisme.com/

La Loire coule paisiblement dans une large vallée couverte
de vergers et de vignes. Les rives du fleuve sont jalonnées
de dizaines de splendides châteaux tout droit sortis de contes
de fées. On en a jadis compté plus de trois cents en Val de
Loire ; de nos jours, il n'en reste plus qu'une cinquantaine.
La plupart ont été construits au XVIe siècle, certains sur
les restes d'anciens châteaux forts. Leur élégance raffinée,
l'audace de leur architecture et la splendeur de leurs jardins
exaltent les idéaux de la Renaissance, lorsque l'éclat de
la cour de France éblouissait toute l'Europe.

Surgissant tel un mirage au cœur d'une épaisse forêt,
Chambord est le plus spectaculaire de ces châteaux.
À l'origine, il ne devait être qu'une fastueuse résidence
de chasse pour François Ier (1494-1547). Inspiré du style
des châteaux construits dans le nord de l'Italie au début
de la Renaissance italienne – Léonard de Vinci, ramené
d'Italie par François Ier, aurait été à l'origine de sa
conception –, le château compte 426 pièces et 77 escaliers,
dont le plus extraordinaire est l'escalier de marbre
à double révolution situé au centre de l'édifice.

Le château de Chambord ne fut qu'un des nombreux
projets de construction entrepris par François Ier.
Le château d'Amboise, où le roi passa son enfance,
était un ancien château fort du VIIIe siècle transformé

CONSEILS AUX VOYAGEURS

Quand s'y rendre - Éviter les mois de juillet et d'août, la région étant alors
extrêmement fréquentée par des touristes français et étrangers.

À voir - Le Val de Loire est aussi une région de vignobles : cépages cabernet,
pinot et gamay pour les rouges, chenin, sauvignon ou melon pour les blancs.

Ne pas oublier - Le Val de Loire étant une région étendue, prévoir d'effectuer des
étapes successives dans des villes comme Tours ou Orléans.

Chambord est le plus grand et l'un des plus beaux châteaux de la Loire.
On pourra s'étonner de ce que le roi François I er, qui fit construire ce
splendide édifice, n'y passa que quelques semaines et le laissa inachevé.

Le château de Chenonceau, qui enjambe le Cher, soutenu par d'élégantes arches, est probablement le plus romantique de tous les châteaux de la Loire. La partie la plus ancienne de l'édifice actuel a été construite à partir de 1515 pour le compte de Thomas Bohier, chambellan du roi Charles VIII, et de son épouse Catherine Briçonnet.

en un vaste palais gothique par Charles VIII (1470-1498). C'est au cours des premières années du règne de François Ier qu'Amboise parvint à l'apogée de sa splendeur. Le roi invita Léonard de Vinci à résider au Clos-Lucé, un grand manoir situé à 500 mètres du château, auquel il était relié par un passage souterrain. Au XIXe siècle, les propriétaires, incapables d'assumer l'entretien d'un bâtiment aussi vaste, en détruisirent des ailes entières. Même amputé des deux tiers, le château d'Amboise, perché sur un escarpement rocheux au-dessus de la Loire, offre encore aujourd'hui un spectacle de toute beauté.

L'histoire du château de Blois rappelle celle de son voisin d'Amboise: ancienne forteresse du IXe siècle, il fut réaménagé par Charles d'Orléans, puis son fils Louis XII. François Ier y ajouta une aile dont l'élément le plus remarquable est l'escalier monumental donnant sur la façade intérieure. C'est dans ce château que grandit Marie Stuart; sa redoutable belle-mère, Catherine de Médicis, le préférait à toutes les autres résidences royales. On peut encore voir à Blois le cabinet dans lequel, selon la légende, étaient dissimulés les poisons dont elle usait pour se débarrasser de ses adversaires.

Le délicieux petit château d'Azay-le-Rideau, construit entre 1510 et 1527, est un pur joyau. Mêlant l'inspiration italianisante et les références féodales, il fut construit pour le compte de Gilles Berthelot, le trésorier de François Ier – qui confisqua le château après que ce dernier eut été accusé de malversations. Longtemps oublié et laissé à l'abandon, Azay-le-Rideau est devenu célèbre grâce aux artistes et aux écrivains romantiques du XIXe siècle.

En 1547, le roi Henri II offrit le château de Chenonceau à sa favorite Diane de Poitiers. En 1555, celle-ci fit édifier un pont reliant les deux rives du Cher, que Catherine de Médicis transforma en 1576 en espace de réception.

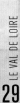

PARIS

Pays France (Région Île-de-France)

Continent Europe

Superficie 105 km² (commune)

Inscription au patrimoine mondial
de l'Unesco : 1991 (rives de la Seine)

Site Internet www.parisinfo.com/

Aucune ville au monde n'a autant inspiré les artistes que Paris.
Poètes, peintres, romanciers et cinéastes ont célébré les charmes
de la Ville lumière. Tout à Paris incite à la romance : les bords
de Seine, avec leurs quais pavés et leurs bouquinistes, où il
fait bon flâner en amoureux, les terrasses des cafés, les bistrots
propices aux rendez-vous… Et la majesté des monuments,
avec la silhouette de la tour Eiffel toujours à l'arrière-plan,
compose un décor cinématographique.

Paris était à l'origine une bourgade gallo-romaine, Lutèce,
établie sur l'île de la Cité. À la fin du XIIᵉ siècle, lorsque débuta
la construction de la cathédrale Notre-Dame, la cité était déjà
la plus grande ville d'Europe. La majestueuse cathédrale dresse
toujours sa masse imposante au-dessus de la Seine. Ayant subi
de graves déprédations durant la Révolution française – de
très nombreuses statues ornant la façade avaient été détruites
ou endommagées –, elle tombait presque en ruine en 1831
lorsque Victor Hugo publia son roman *Notre-Dame de Paris*
qui suscita un regain d'intérêt pour le monument. Dans la
seconde moitié du XIXᵉ siècle, la cathédrale bénéficia de travaux
de restauration. Aujourd'hui, les visiteurs peuvent monter
en haut des tours et admirer les chimères gothiques qui
scrutent les toits de Paris depuis la galerie supérieure.

À l'époque où les tours de Notre-Dame s'élevaient sur l'île
de la Cité, une imposante forteresse était édifiée sur la rive
droite de la Seine. Ce château – le Louvre – allait être agrandi
au fil des siècles et transformé en un immense palais par les
souverains successifs – notamment par François Iᵉʳ. Le palais
devint un musée sous la Révolution – il compte depuis

L'esplanade de la basilique du Sacré-Cœur, qui s'élève au sommet
de la colline de Montmartre, offre un superbe point de vue sur la ville.
Montmartre, où l'on allait autrefois boire de l'absinthe et regarder
danser le cancan, est resté un quartier de divertissements.

Le plus beau panorama sur Paris est sans conteste celui que l'on a depuis le sommet de la tour Eiffel. Celle-ci a été érigée entre 1887 et 1889 pour servir d'entrée à l'Exposition universelle de 1889. L'architecture de la « Dame de fer » dérangeait alors beaucoup de Parisiens ; elle est depuis devenue l'emblème de la ville. .

parmi les plus grands du monde. Le musée du Louvre, qui n'a cessé de s'agrandir, abrite un ensemble extraordinaire de chefs-d'œuvre, au premier rang desquels figure *La Joconde* de Léonard de Vinci, peinte entre 1503 et 1506.

Au cours de la seconde moitié du XIXe siècle, Paris fut transformé de fond en comble par le baron Haussmann : le labyrinthe médiéval du vieux Paris céda la place à de larges boulevards, de vastes places et des jardins publics. Quelques enclaves du Paris préhaussmannien subsistent çà et là, tel le dédale des petites rues situé à l'ombre de Notre-Dame, dans l'île de la Cité, ou encore, de l'autre côté du fleuve, le Marais, aujourd'hui l'un des quartiers les plus « branchés » de la capitale, où nombre d'hôtels particuliers abritent à présent des musées.

Sur la place de la Bastille, plus à l'est, s'élevait la forteresse du même nom dont le peuple de Paris s'empara le 14 juillet 1789, en prélude à la Révolution française. Ce symbole du despotisme royal fut démoli. L'Opéra Bastille, qui s'élève aujourd'hui en bordure de la place, a été construit à l'occasion du bicentenaire de la prise de la Bastille.

La butte Montmartre, dans le nord de Paris, a longtemps été un haut lieu de la vie nocturne parisienne. Au début du XXe siècle, Montmartre était un creuset de la création artistique, attirant peintres, écrivains et intellectuels qui fréquentaient ses tavernes et ses music-halls. Si de nos jours la butte a perdu son charme canaille, ses ruelles en pente, ses balcons fleuris et les vues magnifiques qu'elle offre sur la ville méritent toujours le détour.

L'île de la Cité, sur la Seine, abritait Lutèce avant que celle-ci devienne Paris. C'est également dans l'île que s'élève la cathédrale Notre-Dame de Paris, l'un des plus beaux édifices gothiques au monde.

Quand s'y rendre - Paris est très agréable au printemps, quand tout est en fleurs. En août, la ville se vide et de nombreux restaurants ferment.

À voir - En juillet et août, Paris-Plage offre aux visiteurs sa piscine, ses transats, ses restaurants et ses animations sur les berges de la Seine.

Ne pas oublier - Mieux vaut effectuer les visites tôt dans la journée, afin d'échapper à la foule des touristes.

BRUGES

Pays Belgique (Flandre-Occidentale)

Continent Europe

Superficie 138 km² (commune)

Inscription au patrimoine mondial
de l'Unesco : 2000

Site Internet www.brugge.be/

Surnommée la « Venise du Nord », Bruges est, comme
sa sœur méridionale, bâtie sur l'eau. Un réseau serré de canaux
la quadrille, et elle doit sa fortune au commerce maritime.
Autrefois la plus importante cité marchande des Flandres,
Bruges est aujourd'hui le chef-lieu de la province de
Flandre-Occidentale.

Bruges – Brugge en flamand – s'est vu octroyer sa première
charte en 1128. Ville drapière importante et plaque tournante
du commerce mondial, elle connut son apogée entre le XIIIᵉ
et le XVᵉ siècle. Il s'y échangeait des marchandises venues des

CONSEILS AUX VOYAGEURS

Quand s'y rendre - Bruges se visite toute l'année. L'hiver recouvre les monuments de neige, l'été met en valeur les jardins.

À voir - La brasserie De Halve Maan – « la demi-lune » – est la seule à subsister en ville. Ses bières blondes Brugse Zot et Straffe Hendrik sont réputées.

Ne pas oublier - Apprendre quelque mots de flamand, mais ne pas s'étonner que les habitants de Bruges préfèrent parler anglais plutôt que français.

quatre coins de l'Europe et même au-delà – de la laine anglaise aux épices du Levant. La cité médiévale superbement préservée, avec ses riches demeures, ses belles églises et ses imposants édifices publics, illustre ce passé glorieux.

Bordée de maisons à pignons, la place du Grote Markt (la Grand-Place), qui accueille toujours un marché hebdomadaire, constitue le cœur de la ville. Elle est surplombée par le Belfort, l'imposant beffroi du XIIe siècle qui est devenu le symbole même de la ville. La place du Burg, voisine, est dominée par la façade gothique de l'hôtel de ville – le plus ancien de Belgique –

Les canaux contribuèrent à faire la fortune de la ville durant son âge d'or, à l'époque où le transport des marchandises se faisait par voie d'eau.

et par la basilique du Saint-Sang. Bâtie au XIIe siècle et plusieurs fois remaniée depuis, la basilique doit son nom à la précieuse relique qu'elle possède : une fiole du sang du Christ recueilli par Joseph d'Arimathie.

À la fin du XIVe siècle, Bruges passa sous la tutelle des ducs de Bourgogne par le jeu des alliances dynastiques.

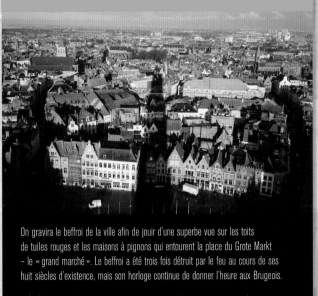

On gravira le beffroi de la ville afin de jouir d'une superbe vue sur les toits de tuiles rouges et les maisons à pignons qui entourent la place du Grote Markt – le « grand marché ». Le beffroi a été trois fois détruit par le feu au cours de ses huit siècles d'existence, mais son horloge continue de donner l'heure aux Brugeois.

La cour de Bourgogne installée à Bruges se distinguait par le soutien qu'elle apportait aux artistes, et notamment à des peintres dont le plus célèbre est Jan Van Eyck (v. 1395-1441). Le musée Groeninge possède une collection unique d'œuvres de primitifs flamands, dont plusieurs Van Eyck. Bruges compte plusieurs autres musées – notamment le Johannishospital, un ancien hospice du XIIe siècle où sont conservés six chefs-d'œuvre du peintre primitif flamand Hans Memling.

Le béguinage est le joyau du plus charmant et plus tranquille quartier de Bruges. C'est un ensemble pimpant de maisons basses à pignons, peintes en blanc, reliées entre elles par des voies pavées. Construit à partir du XIIIe siècle pour les béguines – membres d'une communauté religieuse de femmes qui ne relevait d'aucun ordre monastique –, le béguinage est aujourd'hui occupé par des Bénédictines. Non loin de là, le Minnewater, ou lac d'Amour, où venaient jadis s'amarrer les navires marchands venus du monde entier, est désormais paisible et silencieux. C'est l'endroit idéal pour effectuer de tranquilles promenades ; on a depuis ses ponts de belles vues sur les clochers de la ville.

C'est paradoxalement au déclin de son port, à partir du XVIe siècle, que Bruges doit sa fortune actuelle. Éclipsée par Anvers, devenue le plus grand port des Flandres, Bruges s'est peu à peu assoupie, si bien que la ville est restée pratiquement inchangée pendant près de trois siècles – jusqu'à ce qu'à la fin du XIXe siècle, l'industrie touristique naissante redécouvre la petite cité et son héritage médiéval intact. Aujourd'hui, ses rues pavées sont bordées de boutiques de souvenirs où chocolats et dentelles se disputent les faveurs des touristes, et les maisons à pignons à gradins abritent des restaurants.

Le Grote Markt, le marché très animé de Bruges, est situé au cœur de cette cité prospère. Bordée de restaurants, de brasseries, de cafés et d'hôtels, cette place constitue le principal centre d'attraction de la ville.

NEUSCHWANSTEIN

Pays Allemagne (Bavière)

Continent Europe

Date de construction 1869

Superficie 5 935 m²

Site Internet www.neuschwanstein.de/

Pointant ses tours et ses flèches au-dessus des épaisses forêts des Alpes bavaroises, Neuschwanstein paraît tout droit sorti d'un recueil de contes de fées. Il est l'œuvre du roi Louis II de Bavière (1845-1886), souverain excentrique qui fit construire plusieurs châteaux de fantaisie durant son règne. Dire que Neuschwanstein ressemble au château de *La Belle au bois dormant* de Walt Disney est injuste : en réalité, ce sont les dessinateurs des célèbres studios de dessins animés qui se sont inspirés du château de Louis II pour créer celui qui sert de cadre au film !

Lorsque le roi Louis II de Bavière mourut – on le retrouva noyé dans un lac proche –, le château était presque terminé. Toutefois, sa construction avait tellement asséché les finances du royaume qu'il fut presque aussitôt ouvert au public en vue de recueillir les fonds nécessaires à son achèvement.

Louis II était un admirateur passionné de Richard Wagner, qui composa plusieurs de ses œuvres majeures, dont *Tristan et Isolde* (1865), grâce à la protection du roi. Malheureusement, Louis II fut contraint d'exiler le musicien loin de Munich à la suite d'une affaire de mœurs qui avait scandalisé la cour de Bavière. Wagner continua cependant d'exercer une profonde influence sur le jeune roi qui entreprit de faire bâtir, pour l'y accueillir, un château féerique qui serait «un digne temple pour l'ami divin qui a apporté le salut et la bénédiction au monde». La construction de Neuschwanstein débuta en 1869.

Le château a été conçu comme la résidence idéale de Lohengrin, héros éponyme de l'opéra de Wagner, le « chevalier au cygne » de la littérature germanique. Ses murs sont décorés de scènes empruntées aux sagas médiévales – dont beaucoup ont servi de thème à des œuvres de Wagner. Louis II fit même aménager une salle de concerts, la salle des Chanteurs, spécialement conçue pour que le compositeur y fasse répéter ses opéras. Toute médiévale que fût son apparence, le château n'en bénéficiait pas moins des technologies les plus modernes : eau courante, électricité, et même téléphone.

Le château de Neuschwanstein émerge comme un mirage des nuages qui baignent les montagnes de Bavière.

CONSEILS AUX VOYAGEURS

Quand s'y rendre - Le printemps et l'automne sont les meilleures périodes. L'été le voit très fréquenté et en hiver, les jours sont plus courts.

À voir - Depuis le Marienbrücke, un pont piétonnier qui enjambe une profonde gorge, on a une superbe vue sur le château.

Ne pas oublier - Il est interdit de prendre des photos à l'intérieur du château. Des cartes postales et des livres sont en vente à la boutique.

HAMMERFEST

Pays Norvège (Comté de Finnmark, Nord-Norge)

Continent Europe

Superficie 849 km²

Site Internet www.hammerfest-turist.no/

La petite bourgade d'Hammerfest, la ville la plus septentrionale de la planète, s'étire en bordure d'une baie, sur la côte ouest de l'île de Kvaløya. À cette latitude, le soleil ne brille que deux mois et demi par an, la ville étant plongée dans les ténèbres durant la majeure partie de l'hiver. Hammerfest est surtout célèbre pour être l'un des meilleurs endroits au monde où observer une aurore boréale, phénomène atmosphérique spectaculaire qui se produit à proximité des pôles.

Ces étranges voiles de lumières multicolores aux formes ondoyantes se déploient dans le ciel obscurci par la nuit solaire durant les mois d'hiver. Les aurores boréales peuvent se produire à tout moment entre octobre et mars, mais c'est entre la mi-novembre et la mi-janvier qu'elles sont le plus fréquentes. C'est l'astronome français d'origine italienne Pierre Gassend, dit Gassendi (1592-1655), qui a donné le nom d'«aurore boréale» au phénomène.

Les aurores boréales résultent de l'action sur l'atmosphère terrestre du vent solaire – des flux de particules chargées électriquement qui sont éjectées par le Soleil. La collision entre ces particules électrisées et les atomes de la haute atmosphère libère de l'énergie sous forme de lumière. Le champ magnétique terrestre dévie et canalise les particules vers les pôles, et c'est pourquoi les aurores boréales – ou australes dans l'hémisphère Sud – se produisent à proximité de ceux-ci. La variété des couleurs – le vert et le rouge dominent – est due aux différents gaz présents dans l'atmosphère terrestre. Quelle qu'en soit l'explication scientifique, les milliers de visiteurs qui viennent observer ces draperies de lumières multicolores ondulant dans le ciel nocturne sont avant tout sensibles à la magie surnaturelle du spectacle.

Hammerfest, dont l'histoire remonte à 5 000 ans, est l'une des plus anciennes
implantations humaines au nord du cercle polaire. La ville est entourée de collines
qui offrent des points de vue sur les lacs et la côte. Situé sur une île proche, le cap Nord
est accessible en bateau. On peut y observer des aigles, des orques et des phoques.

CONSEILS AUX VOYAGEURS

Quand s'y rendre - Les aurores boréales sont observables d'octobre à mars,
mais elles sont plus fréquentes de la mi-novembre à la mi-janvier.

À voir - D'immenses troupeaux de rennes en provenance de leurs pâturages
hivernaux passent par Hammerfest au cours des mois d'été.

Ne pas oublier - Emporter avec soi *Pan*, un roman de l'écrivain norvégien
Knut Hamsun, dont l'action se déroule dans le Grand Nord norvégien.

ROME

Pays Italie (Latium)

Continent Europe

Superficie 1 285 km^2 (commune)

Inscription au patrimoine mondial
de l'Unesco : 1980

Site Internet http://en.turismoroma.it/

Rome a été pendant mille ans la capitale du plus puissant
empire du monde. La Ville éternelle régnait alors sur un
territoire qui s'étendait sur la majeure partie de l'Europe
ainsi que sur le pourtour de la Méditerranée. Les vestiges
des édifices antiques, qui semblent avoir été construits
pour durer éternellement, sont toujours impressionnants.
Les splendeurs Renaissance et l'opulence baroque sont venus
s'ajouter aux monuments postérieurs et font de Rome la ville
incomparable que l'on connaît aujourd'hui.

Gigantesque cirque de forme elliptique conçu pour accueillir
plus de 50 000 spectateurs, le Colisée domine toujours de sa
masse imposante le centre historique de la ville, deux mille ans
après sa construction. Lors de son inauguration en 80 apr. J.-C.,
l'empereur Titus organisa des jeux grandioses au cours desquels
9 000 bêtes sauvages furent massacrées. L'extérieur du Colisée
est très bien conservé, et le monument est aujourd'hui
le symbole de Rome. Cœur social, politique, religieux
et commercial de la Rome antique, le Forum a nettement
plus souffert du passage des siècles, mais ses dimensions
imposantes et la beauté des vestiges de ses temples en ruine,
de ses portiques et de ses arcs de triomphe témoignent
de façon éloquente de sa grandeur passée.

Le Ponte Sant' Angelo – autrefois nommé Pons Aelius –, qui enjambe
le Tibre depuis le IIe siècle apr. J.-C., a été reconstruit à diverses reprises.

CONSEILS AUX VOYAGEURS

Quand s'y rendre - Rome se visite toute l'année. Éviter toutefois le mois d'août,
trop chaud, et au cours duquel des restaurants et des boutiques ferment.

À voir - Rome regorge de petites places souvent ornées de fontaines.
L'une des plus charmantes est la Piazza Mattei et sa Fontana delle Tartarughe.

Ne pas oublier - Avoir une tenue décente pour pénétrer dans les églises.
Prendre le train qui conduit en une demi-heure au Lido

Seuls quelques fragments de temples, de colonnades et d'arches subsistent de l'ancien Forum qui constituait le cœur et l'âme de la ville dans l'Antiquité, et accueillait le siège des principales institutions politiques et religieuses qui concouraient à la bonne marche de l'Empire.

Le Colisée est le plus vaste cirque jamais construit dans l'Empire romain.
Il était voué aux combats de gladiateurs et à d'autres formes de spectacles sanglants.
Le Colisée, dont l'intérieur est en ruine, n'est plus utilisé comme lieu de spectacle,
mais il a toutefois accueilli plusieurs concerts géants.

De tous les édifices antiques qui subsistent à Rome, le mieux préservé est le Panthéon, un temple bâti au Ier siècle de notre ère. Initialement dédié à toutes les divinités de la cité, il a été transformé en église en 609. Bien que l'aménagement intérieur ait subi quelques remaniements, l'édifice antique est demeuré quasi intact. Sa coupole est le plus grand dôme construit dans l'Antiquité – son diamètre est supérieur à celui de la basilique Saint-Pierre. Le Panthéon est situé dans le cœur historique de Rome, un labyrinthe de petites rues étroites où l'on trouve aussi certaines des plus belles places de la ville, telle la place Navone, chef-d'œuvre baroque du XVIIe siècle. Située plus au nord de la ville, la place d'Espagne est réputée pour le splendide escalier monumental qui la relie à l'église de la Trinité-des-Monts. Non loin de là se trouve la célèbre fontaine de Trevi – celle-là même dans laquelle Anita Ekberg se plonge dans *La Dolce Vita* de Federico Fellini.

Rome est aussi le siège de l'Église catholique romaine. Située sur une colline de la rive droite du Tibre, la Cité du Vatican constitue le plus petit État du monde – sa superficie n'est que de 40 hectares –, mais son église est la plus grande qui existe. Dominant la place du même nom, la basilique Saint-Pierre a été construite entre le XVIe et le XVIIe siècle. Elle abrite de nombreux trésors artistiques, dont l'émouvante *Pietà* de Michel-Ange (1499). Le Vatican ne compte pas moins de onze musées, mais son attraction sans doute la plus célèbre demeure les fameuses fresques qui ornent les murs et la voûte de la chapelle Sixtine. Peintes par Michel-Ange entre 1508 et 1512, ces scènes bibliques figurent parmi les images les plus puissantes de l'iconographie occidentale. *Le Jugement dernier*, peint quelque vingt ans après la voûte, est une œuvre infiniment plus sombre et tourmentée que les autres fresques, mais tout aussi saisissante.

La basilique Saint-Pierre de Rome est surmontée d'une énorme coupole richement décorée de mosaïques et de stucs, œuvre de Michel-Ange.

VENISE

Pays Italie (Vénétie)

Continent Europe

Superficie 415 km²

Inscription au patrimoine mondial
de l'Unesco : 1987

Site Internet www.turismovenezia.it/

ITALIE

La légende fait naître Venise de la mer à l'image d'Aphrodite,
la déesse antique de l'amour. La ville s'est développée
sur un essaim de petites îles éparpillées dans un lagon
marécageux, jusqu'à devenir la plus puissante cité-État d'Italie.
La Sérénissime République a perduré pendant mille ans,
tandis que la beauté lumineuse de Venise était célébrée
par les plus grands artistes. Aujourd'hui, la cité semble être
un espace enchanté miraculeusement préservé du temps.
Les palais et les églises qui se mirent dans l'eau des canaux
témoignent de son passé glorieux.

Le Grand Canal est bordé de palais Renaissance ; ses pontons accueillent
d'élégants bateaux aux coques vernies, des gondoles sillonnent ses eaux.

Venise devait sa fortune à sa position stratégique sur la côte Adriatique, au croisement des grandes routes commerciales de l'Occident et de l'Orient. À la fin du XIIIᵉ siècle, elle était devenue la ville la plus prospère d'Europe. Ses richissimes marchands se faisaient construire de somptueux *palazzi* rivalisant de faste, dans lesquels ils accumulaient des trésors artistiques. Même si les traditions architecturales et artistiques occidentales prédominent à Venise, l'influence de l'Orient y est toutefois sensible. La plus fameuse des grandes résidences gothiques de la ville est le Palazzo Ducale, le palais des Doges, construit entre 1340 et 1424 sur la place Saint-Marc. Cette dernière marque le cœur de la cité dont elle porte le nom du

saint patron, l'évangéliste saint Marc. Son symbole, le lion ailé, est omniprésent dans la ville. Les liens privilégiés qui unissent saint Marc et Venise remontent au IXᵉ siècle : en 828, deux marchands vénitiens dérobèrent la dépouille du saint à Alexandrie et la ramenèrent à Venise, où elle est conservée depuis lors dans la basilique Saint-Marc, voisine du palais des Doges. Consacrée en 1094, cette basilique est peut-être l'église byzantine la plus célèbre du monde. Murs et plafonds sont entièrement recouverts de somptueuses mosaïques qui illustrent des épisodes de la vie du saint. Le doux chatoiement de l'or et des riches couleurs dans la semi-pénombre du vaste édifice explique pourquoi la basilique a longtemps été

CONSEILS AUX VOYAGEURS

Quand s'y rendre - La fréquentation est maximale en juillet et août. Mai, juin et septembre sont des mois très agréables. Il y a moins de visiteurs en hiver.

À voir - L'île de Murano où de nombreux souffleurs de verre coloré entretiennent une tradition ancestrale.

Ne pas oublier - Parcourir Venise la nuit : la ville est encore plus magique que le jour. Emprunter les *vaporetti* qui permettent de se déplacer rapidement.

La cité a de tout temps lutté contre les eaux de la mer Adriatique. Connues sous le nom d'*aqua alta* – l'« eau haute » –, les inondations s'aggravent toutefois d'année en année. Un barrage destiné à réguler la hauteur des eaux dans le lagon est en projet, mais son efficacité à long terme est toutefois mise en doute.

surnommée la Chiesa d'Oro – l'église d'or. Les chevaux de bronze qui ornent la galerie située au-dessus de l'entrée principale faisaient partie du butin ramené par les Vénitiens après le sac de Constantinople en 1204. Ce sont en fait des copies : les originaux, qui datent du IIe siècle après J.-C., sont conservés dans le musée de la basilique.

La Venise actuelle s'étend sur 118 îles reliées par 177 canaux. Le Grand Canal constitue depuis le Moyen Âge le principal axe de circulation de la cité. Malgré le trafic intense des *vaporetti* – les bateaux-bus – et des bateaux-taxis, son charme demeure intact. Parmi les plus beaux palais qui ornent ses rives figurent la Ca' d'Oro, construite au XVe siècle et aujourd'hui transformée en galerie d'art, à la façade de couleur crème délicatement sculptée, ainsi que le palais Vendramin, de style Renaissance, qui abrite un casino, ou encore le palais Dario, modèle du style gothique vénitien. Ce dernier héberge parfois des expositions temporaires de la collection Peggy Guggenheim, installée dans le palais Venier di Leoni, qui date du XVIIIe siècle, également situé au bord du Grand Canal.

Le bâtiment néoclassique de la galerie de l'Académie, le plus prestigieux musée de Venise, présente une merveilleuse collection d'œuvres de peintres vénitiens : les portraits de personnages historiques côtoient des vues de la ville qui sont demeurées inchangées. L'un des plus récents musées vénitiens, le palais Grimani, est une somptueuse résidence du XVIe siècle décorée de fresques, de dallages de marbre et de nombreuses œuvres d'art, construite pour Antonio Grimani qui devint doge en 1521.

Véritable cœur de Venise, la place Saint-Marc est entourée des plus importants édifices de la cité : la basilique Saint-Marc, d'inspiration byzantine, et le palais des Doges, de style gothique.

LES MÉTÉORES

Pays Grèce (Kalambaka, Thessalie)

Continent Europe

Date de construction XIe-XVe siècle

Inscription au patrimoine mondial
de l'Unesco : 1988

Site Internet www.kalampaka.com/

Meteôros signifie « qui est en haut » en grec. Le nom
de Météores paraît en effet approprié à cet ensemble
de monastères orthodoxes, invraisemblablement juchés
au sommet de pitons rocheux. Ces énormes rochers de grès
sculptés par l'érosion forment une forêt de tours naturelles
qui se dressent aux confins nord-ouest de la plaine de
Thessalie, dans le centre de la Grèce. Dès le XIe siècle,
ce site grandiose est devenu un lieu de retraite religieuse.

Les premiers ermites s'abritèrent dans des grottes naturelles
creusées dans les pitons. Le premier monastère, le Grand
Météore, également appelé monastère de la Transfiguration
du Christ, qui est édifié au sommet du plus haut des
rochers, fut consacré en 1536. Pour l'atteindre, les moines
devaient se hisser péniblement à l'aide de cordes le long
des parois à pic. Un siècle plus tard, la région des Météores
comptait plus d'une vingtaine de monastères. Ceux-ci
ne connurent qu'une courte période de prospérité,
avant de commencer à péricliter dès le XVIIe siècle.

De nos jours, les six derniers monastères en activité
abritent des communautés réduites. Ils ont bénéficié
d'un regain d'intérêt au cours des dernières décennies,
avec l'essor du tourisme, accueillant les milliers de touristes
qui gravissent quotidiennement les abrupts escaliers
taillés dans la roche dans les années 1920.

CONSEILS AUX VOYAGEURS

Quand s'y rendre - Le printemps, d'avril à juin, est la meilleure saison.
De septembre à novembre, le temps est doux. Juillet et août sont très chauds.

À voir - La région offre de quoi satisfaire la passion des amateurs de randonnée,
d'escalade ou encore d'observations ornithologiques.

Ne pas oublier - Prévoir que la température peut être plus fraîche
sur les hauteurs. Revêtir une tenue décente pour visiter les monastères.

Le relief particulier des Météores explique la présence en ce lieu de retraites religieuses depuis plus de mille ans. Des deux douzaines de monastères primitivement installés sur le site, six subsistent encore de nos jours. La beauté du paysage y est une invitation à la contemplation.

SAINT-PÉTERSBOURG

Pays Russie (district fédéral du Nord-Ouest)

Continent Europe

Superficie 1 439 km²

Inscription au patrimoine mondial
de l'Unesco : 1990

Site Internet www.saint-petersburg.com/

Saint-Pétersbourg a été créée de toutes pièces par le tsar
Pierre le Grand (1682-1725) qui voulait donner à l'Empire
russe en plein essor une capitale moderne et brillante.
La ville est restée la capitale de la Russie pendant deux siècles,
et son centre historique, truffé de palais somptueux, apparaît
toujours comme le symbole de la grandeur de la Russie des tsars.
Déjà sérieusement dégradée lors de la révolution de 1917,
Saint-Pétersbourg, rebaptisée Leningrad par le régime
soviétique, a subi de terribles destructions pendant la Seconde
Guerre mondiale. Le siège de Leningrad, de septembre 1941
à janvier 1944, a été l'un des plus longs, des plus destructeurs
et des plus meurtriers de l'histoire moderne : 1,8 million
de personnes y ont laissé la vie, dont 1,2 million de civils,
morts de faim pour la plupart. La reconstruction de la ville

CONSEILS AUX VOYAGEURS

Quand s'y rendre - L'été, quand le soleil se couche à peine, constitue
la saison idéale pour visiter Saint-Pétersbourg.

À voir - Le festival d'art vivant des Nuits blanches qui se déroule au début de
l'été et s'achève par le défilé sur la Neva d'un superbe bateau aux voiles rouges.

Ne pas oublier - S'habiller chaudement en hiver – les températures sont
négatives. Emprunter le métro pour admirer le style Art déco des stations.

a demandé des décennies, mais Saint-Pétersbourg est aujourd'hui inscrite sur la liste du patrimoine mondial de l'Unesco. Elle est également considérée comme la ville de Russie la plus en pointe sur le plan culturel.

Lorsque Pierre le Grand choisit, pour édifier sa nouvelle capitale, cette région isolée et marécageuse, peu de ses courtisans partageaient son point de vue. Aussi ordonna-t-il aux grandes familles nobles de Moscou de bâtir des demeures dans la nouvelle capitale et d'y résider pendant au moins

Achevée en 1858, la cathédrale Saint-Isaac, dont la coupole domine la Neva gelée, était alors la plus grande église de Russie.

Le style traditionnel de la cathédrale Saint-Sauveur, avec ses clochers en bulbe et ses mosaïques byzantines, se démarque du style baroque ou néoclassique de la plupart des monuments de Saint-Pétersbourg. Elle fut érigée à la mémoire du tsar Alexandre II, sur les lieux mêmes de son assassinat.

six mois par an. Il en résultera une profusion de palais baroques qui agrémentent encore aujourd'hui la ville. Souhaitant que sa capitale rivalisât avec les grandes villes européennes, Pierre bannit toute architecture traditionnelle russe et imposa un style inspiré du néoclassique ou du baroque italien qui prédominaient alors dans les capitales occidentales.

La première construction entreprise à Saint-Pétersbourg fut celle de la forteresse Pierre-et-Paul, érigée pour défendre la ville des armées suédoises lors de la grande guerre du Nord (1700-1721). Dans l'enceinte de la citadelle fut érigée la cathédrale Saint-Pierre-et-Saint-Paul, conçue par l'architecte du tsar Domenico Trezzini, dont la construction débuta en 1712. Cette splendide église baroque devint la nécropole de la famille impériale russe : tous les tsars, de Pierre le Grand à Nicolas II (1868-1918), y sont inhumés, à l'exception de deux d'entre eux. L'ange tenant une croix qui figure au sommet de la flèche dorée de la cathédrale est à présent un symbole de la ville, cher au cœur des Pétersbourgeois. Autre bâtiment célèbre de la forteresse, la Monnaie nationale, fondée par Pierre le Grand, est toujours en activité et donc peu visible, protégée par de hautes barrières de sécurité.

Le plus beau palais de Saint-Pétersbourg est le palais d'hiver, de style rococo, qui fut construit entre 1754 et 1762 pour l'impératrice Élisabeth Ire (1709-1762), fille de Pierre le Grand. Il demeura la résidence officielle de la famille impériale jusqu'en 1917. Avec d'autres palais impériaux parmi lesquels le Petit et le Grand Ermitage, il a par la suite été transformé en musée. Fondé en 1764 par Catherine II (1729-1796), le musée de l'Ermitage était à l'origine un musée privé. Ses collections ne furent accessibles au public qu'à partir de 1852. Riche de près de trois millions d'œuvres d'art, l'Ermitage est aujourd'hui le plus grand et l'un des plus prestigieux musées du monde.

Le musée de l'Ermitage est le plus grand musée d'art au monde. Il est installé dans le palais d'hiver, ancienne résidence des tsars.

La colonne d'Alexandre domine la place du Palais, au centre de la ville. Elle a été érigée au début du XIXe siècle en l'honneur du tsar Alexandre Ier, pour commémorer la victoire des armées russes sur la Grande Armée de Napoléon Ier. Elle est surmontée par la statue de bronze d'un ange auquel son créateur a donné les traits du tsar. Taillée dans un bloc unique de granit rose, elle est, avec ses 47 m, la plus haute colonne au monde.

Quand s'y rendre - Les périodes d'avril-juin et de septembre-octobre sont les plus agréables. Juillet et août sont très chauds et très courus.

À voir - Les nombreux pigeonniers aménagés dans les parois de tuf. Les pigeons sont recherchés pour leur chair… et leurs déjections fertilisantes.

Ne pas oublier - Porter des vêtements décents. Les tenues excentriques sont considérées comme des offenses dans cette région très traditionaliste.

LA CAPPADOCE

Pays Turquie (Nevsehir, Anatolie centrale)

Continent Europe

Superficie 15 000 km^2

Inscription au patrimoine mondial de l'Unesco : 1985

Site Internet www.goreme.org/

La Cappadoce est une région d'Asie Mineure, réputée depuis l'Antiquité pour ses étonnants paysages volcaniques où abondent les cheminées de fées – des colonnes naturelles de roche friable coiffées d'un rocher plus dur. La plupart d'entre elles se situent dans la région de Göreme, aujourd'hui au cœur d'un parc national inscrit au patrimoine mondial de l'Unesco. La Cappadoce doit surtout sa réputation à ses habitations, églises et monastères troglodytiques et à ses cités souterraines.

La région est truffée de plus de trois cents sites troglodytiques. Les plus anciens furent creusés par les Hittites (v. 1750-1180 av. J.-C.)

Ces formations géologiques sont le résultat d'une éruption volcanique survenue il y a plusieurs millions d'années et de l'érosion qui s'en est suivie. La lave et les cendres projetées se sont érodées, tandis que le basalte, également rejeté, formait des structures en forme de cône, ce qui confère à la région son caractère unique.

pour servir de refuge lors des invasions. Des siècles plus tard, les premiers chrétiens s'y regroupèrent à leur tour pour échapper aux persécutions. Derinkuyu est la plus vaste des cités souterraines de Cappadoce : elle est aménagée sur au moins onze niveaux qui s'étendent sur une profondeur de 85 mètres. En dépit de leur taille, ces cités souterraines semblent n'avoir jamais constitué un habitat permanent ; elles n'étaient destinées qu'à offrir une retraite en cas d'attaque.

Vers le IVe siècle de notre ère, de petites communautés d'anachorètes ont commencé à se fixer en Cappadoce

De nombreuses cheminées de fées de la région de Göreme ont été aménagées en habitations et sont toujours utilisées aujourd'hui.

en particulier aux alentours de Göreme, qui devint rapidement un centre important du monachisme chrétien. Le plus vaste et le plus beau complexe monastique encore existant est aujourd'hui préservé dans le musée en plein air de Göreme : on peut y voir plus de trente églises, des réfectoires et divers autres lieux de vie, creusés dans la roche entre le Xe et le XIIe siècle, et décorés de sublimes fresques byzantines.

PÉTRA

Pays Jordanie (province de Ma'an)

Continent Asie

Date de construction v. IIIe siècle av. J.-C.-
VIIe siècle apr. J.-C.

Inscription au patrimoine mondial
de l'Unesco : 1985

Site Internet www.petrapark.com/

Pétra
JORDANIE

L'antique cité de Pétra a été creusée dans les parois de grès de
gorges perdues dans le désert jordanien, il y a plus de deux mille
ans. C'est au IIIe siècle av. J.-C. que les Nabatéens, un peuple
jusque-là nomade, s'établirent dans ce lieu et transformèrent
ce qui n'était alors qu'une halte au milieu du désert en une
métropole opulente. Oubliés pendant des siècles, les vestiges
de la cité sont restés quasiment intacts jusqu'à ce qu'ils soient
redécouverts en 1812 par l'explorateur suisse Johann Ludwig
Burckhardt. Aujourd'hui l'une des « sept nouvelles merveilles du
monde », Pétra attire chaque année un demi-million de visiteurs.

Pétra dut sa fortune à sa situation, au croisement de plusieurs
routes commerciales importantes qui reliaient la mer Rouge au
Levant et à la Méditerranée. Des caravanes chargées de précieuses
marchandises traversaient régulièrement la montagne ; les
Nabatéens guidaient les caravaniers dans les gorges encaissées,
et leur fournissaient le gîte et le couvert. La croissance de Pétra
fut rapide : à son apogée, la ville comptait probablement plus
de 20 000 habitants. Grâce à ce flux constant de voyageurs,
elle fut soumise à l'influence de plusieurs civilisations
– égyptienne, mésopotamienne, grecque et romaine – qui
toutes ont marqué de leur empreinte son architecture.

L'architecture de la Khazneh – le « trésor » de Pétra –, construit entre
100 av. J.-C. et 200 apr. J.-C., est influencée par le style grec classique.

CONSEILS AUX VOYAGEURS

Quand s'y rendre - Au printemps et au début de l'automne, le climat
est supportable et la lumière plus agréable. L'hiver peut être froid et pluvieux.

À voir - Le petit musée installé sur le site présente des témoignages
archéologiques intéressants.

Ne pas oublier - Ne jeter ni mégots ni déchets. Songer à l'impact sur
l'environnement de certains services touristiques comme les tours en hélicoptère.

Les visiteurs abordent Pétra par le Sîq, un étroit défilé taillé dans le grès rouge qui constituait l'entrée du sanctuaire religieux. Dallé depuis l'époque romaine, le Sîq est bordé de canalisations destinées à recueillir les eaux de ruissellement. Ses parois sont sculptées de stèles votives qui étaient adressées aux dieux vénérés à Pétra.

Lorsque le royaume des Nabatéens fut annexé à l'Empire romain, en 104 apr. J.-C., Pétra était une cité florissante. Elle continua à prospérer pendant au moins un siècle, malgré l'ouverture de nouvelles routes commerciales qui réduisirent son importance. En 363, la ville fut gravement endommagée par un tremblement de terre qui précipita son déclin. Il semble que Pétra ne conservait plus alors qu'un rôle religieux. Elle fut finalement abandonnée au début du VIIᵉ siècle.

Le visiteur qui approche de Pétra aperçoit par moments, à l'extrémité du Sîq – le long et sinueux corridor rocheux qui mène à la ville –, l'un des plus célèbres monuments du site, la Khazneh – le Trésor. Il doit son nom au fait que les Bédouins ont longtemps cru que l'urne funéraire figurant sur sa façade contenait un trésor. La Khazneh est en fait un tombeau, sculpté directement dans la roche de la falaise. L'intérieur, comme celui de toutes les tombes de Pétra, est exigu et dépouillé. Mieux vaut arriver le matin, lorsque les rayons du soleil tombent directement sur la façade. La gorge s'élargit sur un espace plus large qui constituait le cœur de la ville. Non loin de là s'élève le théâtre, construit au Iᵉʳ siècle et agrandi ensuite par les Romains. Le Haut Lieu du Sacrifice est l'un des endroits les plus impressionnants de Pétra. Sans doute y avait-il là un autel sur lequel on sacrifiait des animaux aux dieux, mais il n'en reste aucune trace. En revanche, on a une vue splendide sur le Deir – le «monastère» –, le plus grand et l'un des plus beaux monuments funéraires de Pétra. Dédié au roi nabatéen Obodas Iᵉʳ, il date également du Iᵉʳ siècle av. J.-C.

Le Deir – le «monastère» – est dédié à Obodas Iᵉʳ, un roi nabatéen déifié qui régna au cours du Iᵉʳ siècle av. J.-C. C'est l'édifice le plus colossal du site : l'embrasure de la porte d'entrée mesure l'équivalent de trois étages.

D'ASSOUAN À LOUQSOR

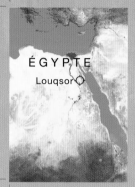

Pays Égypte (Haute-Égypte)

Continent Afrique

Distance 250 km

Inscription au patrimoine mondial
de l'Unesco : 1979 (Nubie)

Site Internet www.touregypt.net/

Assouan, l'ancienne porte sud de l'Égypte, se situe sur le Nil,
à 250 kilomètres en amont de Louqsor, l'un des hauts lieux
touristiques du pays. Les felouques aux voiles blanches
relient les deux villes depuis des temps immémoriaux,
glissant lentement sur l'eau devant les champs soigneusement
cultivés et les ruines de temples anciens qui jalonnent
les rives du grand fleuve. Descendre le fleuve d'Assouan
à Louqsor à bord de l'une de ces paisibles embarcations,
plutôt que sur un luxueux navire de croisière, constitue
un voyage hors du temps absolument inoubliable.

Quittant Assouan, et le brouhaha qui émane du Sharia
el-Souk, son immense bazar, s'estompant peu à peu, on borde
tout d'abord l'île Éléphantine, située au milieu du fleuve,
qui est l'un des sites antiques les plus anciens d'Égypte.
À son extrémité sud s'élève le temple de Khnoum, le dieu
du Nil à tête de bélier. Sa construction remonte à la
XVIIIᵉ dynastie (1550-1292 av. J.-C.). À une cinquantaine
de kilomètres au nord d'Assouan, les ruines impressionnantes
du temple de Kôm Ombo, construit au IIᵉ siècle av. J.-C.,
se dressent au bord du fleuve. Sa moitié sud est dédiée au
dieu crocodile Sobek et sa moitié nord au dieu faucon Horus.

CONSEILS AUX VOYAGEURS

Quand s'y rendre - Le Nil est navigable toute l'année, mais mieux
vaut éviter les mois de juillet et d'août qui sont très chauds.

À voir - La djellaba, vêtement arabe traditionnel porté par les hommes
et les femmes, est pratique pour lutter contre la chaleur.

Ne pas oublier - Ne nager que dans les zones recommandées par l'équipage.
Emporter un sac de couchage : les nuits sont fraîches en hiver.

Les felouques aux voiles blanches sillonnent les eaux du Nil depuis des milliers d'années. Si elles ne sont plus aujourd'hui fabriquées en bois, leur ligne n'a quant à elle pas changé.

La Vallée des Rois est située sur la rive gauche du Nil, en face de la ville actuelle de Louqsor. Elle renferme plus de soixante sépultures richement décorées. Ses branches orientale et occidentale sont séparées par le lit d'un oued. Non loin de là se trouve la Vallée des Reines qui abrite les tombes de reines et de princesses.

Le temple a été pendant des siècles un important lieu de pèlerinage. On peut y admirer aujourd'hui plusieurs momies de crocodiles retrouvées dans une nécropole proche.

La ville moderne de Louqsor, à quatre jours de felouque d'Assouan, est bâtie sur le site de l'ancienne Thèbes, qui fut la capitale de l'Égypte pendant la période du Nouvel Empire, du XVIᵉ au XIᵉ siècle av. J.-C. Bâti en 1400 av. J.-C., le temple qui jouxte la ville est dédié à Amon, le roi des dieux, à son épouse Mout et à leur fils Khonsou. Le pylône – ou entrée du temple – est flanqué de deux statues colossales du pharaon Ramsès II. Une allée bordée de 700 sphinx sculptés relie le temple de Louqsor à celui de Karnak, qui constitue le plus vaste complexe religieux du monde antique.

Louqsor doit sa notoriété à la Vallée des Rois, l'extraordinaire nécropole des grands pharaons du Nouvel Empire. Le plus célèbre tombeau de cet ensemble est celui de Toutankhamon, découvert en 1922 par l'égyptologue britannique Howard Carter. C'est à ce jour la seule tombe de pharaon que l'on ait retrouvée intacte. L'histoire du jeune roi, mort à l'âge de dix-neuf ans, a frappé l'imagination du monde entier, et sa momie, aujourd'hui conservée dans une vitrine isotherme du musée du Caire, continue de nourrir toutes sortes de légendes relatives à une prétendue « malédiction des pharaons ». La Vallée des Reines, proche de la précédente, abrite notamment la tombe magnifiquement décorée de la reine Néfertari (v. 1290-1254 av. J.-C.), l'épouse du Grand Ramsès qui la baptisa « Celle pour qui le soleil se lève ».

Le temple de Karnak est vieux de plus de 3 000 ans. Sa construction s'est étalée sur plus de 1 300 ans, mais les plus belles réalisations datent du règne de Ramsès II dont l'immense statue a été érigée vers 1400 av. J.-C.

LA CÔTE DES SQUELETTES

Pays Namibie (région de Kunene)

Continent Afrique

Fondation du parc national : 1973

Superficie 16 000 km^2

Site Internet www.namibiatourism.com.na/

Les bushmen qualifient la côte des Squelettes de « pays que Dieu a créé un jour de colère ». Cette longue bande côtière aride qui s'étend le long de l'Atlantique doit son nom aux ossements blanchis de baleines et de phoques qui jonchent les plages, et peut-être aussi aux épaves des navires qui se sont échoués sur la côte, victimes de la traîtrise des courants et de la brume qui noie souvent le rivage. Ce désert de sable aux couleurs changeantes est l'une des contrées les plus désolées de la planète : il est pourtant d'une beauté envoûtante.

La plus grande partie de la côte des Squelettes a été transformée en réserve naturelle. Il semble étonnant que des animaux puissent survivre dans un environnement aussi hostile. Pourtant, la colonie de phoques du cap Fria est l'une des plus nombreuses au monde : environ 60 000 otaries à fourrure d'Afrique du Sud s'ébattent sur les rochers, repoussant en grognant les chacals en maraude. D'autres espèces animales terrestres se sont adaptées à l'aridité du climat, comme l'oryx gemsbok et la gazelle springbok, mais aussi l'éléphant du désert et le lion. Des baleines et des dauphins – dont une espèce endémique très rare, le dauphin de Heaviside – croisent au large.

La côte des Squelettes abrite un phénomène naturel rare et étrange. Lorsqu'une personne ou un véhicule se déplace sur le flanc des grandes dunes, celles-ci émettent un sourd grondement qui enfle jusqu'à devenir un puissant mugissement aux modulations lancinantes. Autre curiosité naturelle : les « châteaux d'argile » de la vallée de l'Hoarusib, incroyables tours blanchâtres aux formes tourmentées, qui ont été sculptées dans l'argile par l'érosion.

La côte des Squelettes est souvent noyée dans un épais brouillard qui fut à l'origine de nombreux naufrages au cours des siècles. Les épaves qui jonchent la côte sont l'une des origines de son nom.

CONSEILS AUX VOYAGEURS

Quand s'y rendre - Le climat ne varie quasiment pas d'un bout à l'autre de l'année. La période qui va de novembre à mars est la meilleure pour la pêche.

À voir - L'épave du *Dunedin*, qui a fait naufrage au cours de la Seconde Guerre mondiale, est la plus spectaculaire.

Ne pas oublier - Prévoir des vêtements pour se protéger des violents vents de sable : veste, chemise à manches longues et chapeau.

LES CHUTES VICTORIA

ZAMBIE
Chutes Victoria
ZIMBABWE

Pays Zambie (province Méridionale) ;
Zimbabwe (Matabeleland septentrional)

Continent Afrique

Longueur 2 km

Inscription au patrimoine mondial
de l'Unesco : 1989

Site Internet www.zimbabwe-online.com

Le Zambèze prend sa source dans les hautes terres
marécageuses du nord-est de la Zambie. Après une courte
incursion en Angola, il revient en Zambie. Il délimite alors la
frontière entre ce pays et la Namibie, puis le Botswana et enfin
le Zimbabwe, avant de traverser le Mozambique pour aller
se jeter dans l'océan Indien. Le cours du Zambèze est jalonné
de chutes d'eau spectaculaires, dont les plus célèbres sont les
chutes Victoria, que les populations locales appellent Mosi-
oa-Tunya – «la fumée qui gronde». L'explorateur écossais
David Livingstone aurait été le premier Européen à observer
ces chutes, en 1855. Il les baptisa Victoria Falls, en hommage
à la reine régnant à cette époque sur le Royaume-Uni.

La formidable cascade s'abat du haut d'une falaise de
basalte en forme de fer à cheval longue de 2 kilomètres.
En amont, le fleuve coule dans une vaste plaine qui est
brusquement coupée par une longue faille étroite, aux parois
verticales, dont la hauteur varie entre 90 et 128 mètres
selon les endroits. Les eaux du Zambèze jaillissent du rebord
de la falaise avec un débit de 6 000 mètres cubes à la seconde
pendant la grande saison des pluies, entre avril et juin.
La puissance des chutes est telle que l'énorme nuage de
gouttelettes d'eau zébré d'arcs-en-ciel que celles-ci génèrent
est visible à 50 kilomètres de distance. À la saison des pluies,
les nuits de pleine lune, on peut assister à un phénomène
prodigieux : un arc-en-ciel nocturne ! Pendant la saison sèche,

CONSEILS AUX VOYAGEURS

Quand s'y rendre - Le débit des chutes est le plus puissant à la fin
de la saison des pluies qui s'étend d'avril à juin.

À voir - La pleine lune sur les chutes, qui entraîne la création d'arcs-en-ciel
en pleine nuit.

Ne pas oublier - Obtenir les visas nécessaires pour admirer les chutes
de part et d'autre de la frontière entre la Zambie et le Zimbabwe.

LES CHUTES VICTORIA

Les chutes Victoria génèrent un nuage de goutelettes qui se renouvelle sans cesse. En conséquence, la forêt humide qui entoure les chutes est l'un des rares endroits au monde où il pleut tous les jours de l'année.

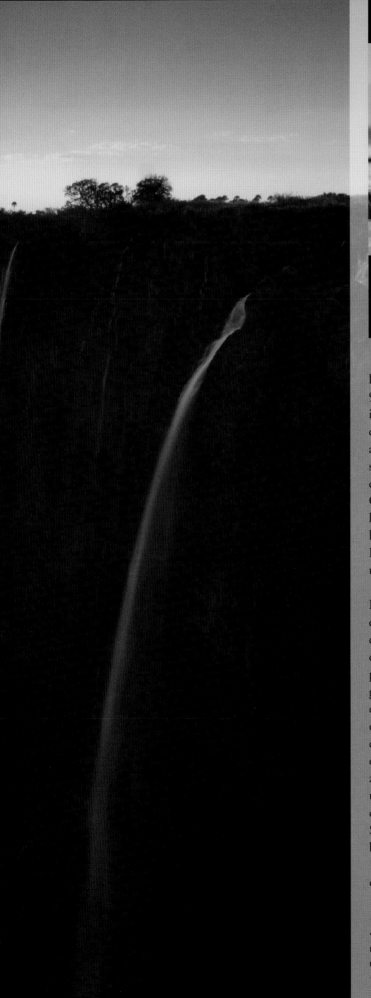

Le cours du Zambèze traverse une grande variété de paysages, des zones humides de l'intérieur aux mangroves côtières. Une faune riche fréquente ses rives, parmi laquelle figurent des éléphants, des zèbres, des antilopes et des crocodiles. Des hippopotames s'ébattent également dans les eaux du fleuve en aval des chutes Victoria.

le débit du fleuve diminue considérablement – jusqu'à perdre 90 % de son intensité –, mais les chutes n'en restent pas moins impressionnantes. Elles constituent une destination touristique depuis le tournant du XXe siècle ; leur fréquentation a encore augmenté, ces dernières années, grâce à de nouvelles attractions : survol du site en hélicoptère, rafting sur les rapides en aval des chutes ou saut à l'élastique depuis le Victoria Falls Bridge. Ce pont ferroviaire et routier, achevé en 1905, enjambe la seconde gorge des chutes – les trains et les véhicules qui l'empruntent traversent le nuage d'eau qu'elles émettent. Plus d'un siècle après sa construction, ce pont demeure une remarquable prouesse technique.

Les chutes Victoria se situent à la frontière entre la Zambie et le Zimbabwe qui ont l'un et l'autre créé des parcs nationaux dans leurs environs immédiats. Divers itinéraires et points d'observation sont aménagés dans ces parcs qui abritent, par ailleurs, une faune riche et variée : éléphants, buffles, girafes, zèbres, antilopes, hippopotames, crocodiles, et trente-neuf espèces d'oiseaux de proie. C'est en aval des chutes, dans le Lower Zambezi Valley National Park, entre le barrage de Kariba et la frontière mozambicaine, que la faune et la flore sont les plus spectaculaires. Du côté zimbabwéen, le Mana Pools National Park héberge lui aussi une faune abondante. Les visiteurs auront peut-être la chance d'apercevoir des loutres à joues blanches, une espèce rare. Si les rhinocéros noirs, victimes des chasseurs et des braconniers, ont hélas totalement disparu depuis les années 1980, d'autres espèces, notamment des antilopes, des zèbres, des gnous, des lions et des hyènes, continuent de proliférer.

« Seuls les anges dans leur vol ont dû contempler des visions aussi magnifiques que celles-ci », déclara l'Écossais David Livingstone en découvrant, en 1855, les chutes qu'il baptisa du nom de la reine Victoria.

SAMARKAND

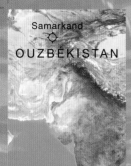

Samarkand
OUZBÉKISTAN

Pays Ouzbékistan (province de Samarkand)

Continent Asie

Date de fondation v. 700 av. J.-C.

Inscription au patrimoine mondial
de l'Unesco : 2001

Site Internet www.uzbektourism.uz/en/

Samarkand, étape de la route de la Soie, est l'une des plus
anciennes villes du monde. Fondée par les Perses au VIIe siècle
av. J.-C., elle est devenue la capitale d'un vaste empire sous
le règne de Tamerlan (1336-1405). Célèbre pour ses exploits
guerriers et sa férocité, le conquérant mongol a également
marqué l'histoire en tant que protecteur des arts. Il fit de
Samarkand la plus belle ville d'Asie centrale, en invitant
les plus habiles artisans de son empire à y construire palais,
mausolées, medersas et mosquées, somptueusement décorés
d'or, de pierres précieuses et de carreaux de majolique.

Encadrée par trois medersas – ou écoles coraniques –
recouvertes de céramiques étincelantes, l'esplanade du Registan
était autrefois le centre des activités commerciales et sociales
de la ville. On y trouvait un caravansérail, un immense marché
couvert, dont la coupole du bazar Chorsu constitue la dernière
trace, et un asile destiné aux derviches errants. Par la suite,
la construction des trois medersas en fit le cœur de la vie
religieuse de la ville. La première, la medersa d'Oulough Beg,
du nom d'un petit-fils de Tamerlan, a été achevée en 1420.
Bâtie entre 1619 et 1636 de l'autre côté de la place, la medersa
Cher-Dor – ou « porte des Lions » – fait subtilement écho
à sa devancière ; sa façade est ornée de représentations de
lions – rayés comme des tigres – et de gazelles bondissantes.
Dix ans après son achèvement fut entreprise la construction
d'une troisième medersa, la medersa Tilla-Qari – « couverte
d'or » –, ainsi nommée parce que sa coupole turquoise est
ornée de motifs dorés, tant à l'intérieur qu'à l'extérieur.

L'imposante mosquée de Bibi-Khanoum, au nord
du Registan, porte le nom de l'épouse favorite de Tamerlan.
Elle est ornée de milliers de pierres précieuses provenant

La nécropole de Chah-e-Zindeh s'est constituée autour du mausolée
de Qasim ibn Abbas, propagateur de l'islam en Asie centrale.

Les plus grands calligraphes et mosaïstes de l'époque travaillèrent à la décoration des édifices de Samarkand sous le règne de Tamerlan. Ils sont les auteurs de motifs ornementaux d'une précision remarquable, déclinant toutes les nuances des bleus turquoise et de cobalt, dont la beauté continue d'enthousiasmer les visiteurs aujourd'hui.

du butin des campagnes militaires de Tamerlan en Inde. Selon la légende, l'architecte chargé de la construction de la mosquée serait tombé éperdument amoureux de la belle Bibi Khanoum, dont il aurait obtenu un baiser. Lorsque Tamerlan l'apprit, il fit mettre à mort l'architecte et précipita sa bien-aimée du haut du minaret. Au pied de la mosquée s'étend un vaste bazar cosmopolite où fromages, légumes et épices se marchandent et s'échangent dans toutes sortes de langues et de dialectes.

Tamerlan repose dans le mausolée de Gour-Emir, aux côtés de plusieurs membres de sa famille. Coiffé d'une imposante coupole, ce mausolée est tout ce qui reste d'un vaste ensemble de bâtiments religieux détruit par les tremblements de terre et les invasions. La dépouille de Tamerlan gît sous une énorme dalle de jade poli, sur laquelle, selon la légende, serait gravée une inscription menaçant de la pire des vengeances quiconque oserait violer le tombeau.

Autre ensemble de mausolées royaux, la nécropole de Chah-e-Zindeh est située sur une colline en bordure de la vieille ville. C'est un important centre de pèlerinage car Qasim ibn Abbas, un cousin du prophète Mahomet, y serait enterré. Sa mémoire est honorée dans une mosquée et une medersa situées au cœur du complexe. Si la plupart des tombeaux et des mausolées, richement décorés, datent des XIVᵉ et XVᵉ siècles, les édifices les plus anciens remontent au IXᵉ siècle. Les mausolées les mieux conservés sont ceux de la nièce de Tamerlan, Chadi Moulk Aka, et de sa sœur, Chirin Bika Aka.

Située sur le Registan, la place principale de la ville, et dotée d'une énorme coupole, la medersa Tilla-Qari, construite au XVIIᵉ siècle, constitue certainement le monument le plus emblématique de Samarkand.

LE TAJ MAHAL

Agra

INDE

Pays Inde (Agra, Uttar Pradesh)

Continent Asie

Date de construction 1632-1654

Superficie 27 ha

Inscription au patrimoine mondial
de l'Unesco : 1983

Site Internet www.up-tourism.com/

Le Taj Mahal est le monument dédié à l'amour le plus célèbre
du monde. Il aurait été construit par l'empereur moghol
Chah Djahan pour honorer la mémoire de son épouse favorite
surnommée Mumtaz Mahal – « la lumière du palais ». Celle-ci
mourut en 1631 en mettant au monde son quatorzième enfant.
Cha Djahan promit alors de lui élever le plus beau des mausolées.
Il convoqua à Agra, sa capitale, des milliers d'artisans originaires
de toutes les régions de l'Empire moghol – et certains même
d'Europe –, notamment des calligraphes, des tailleurs de pierres
précieuses et des marqueteurs. Il fit quérir jusqu'en Chine
et en Arabie les vingt-huit variétés de pierres précieuses

utilisées dans la décoration de l'édifice. Il fallut 22 années
à 20 000 ouvriers et 1 000 éléphants pour achever le Taj Mahal,
chef-d'œuvre absolu de l'architecture moghole.

Le Taj Mahal est entouré sur trois côtés par un haut mur
en grès rouge, la rivière Yamuna formant le quatrième côté.
On pénètre dans l'enceinte par un porche dont les arches
et les petites coupoles blanches préfigurent celles du mausolée
lui-même. Celui-ci franchi, on accède à un vaste jardin
de style persan, avec des parterres en terrasse, des fontaines
et de grands bassins. Ce jardin a été conçu comme une

Les coupoles et les minarets émergent de l'ombre violette du Taj Mahal,
se découpant sur le ciel rose du crépuscule.

représentation du Paradis ; il était autrefois couvert de parterres
fleuris et d'arbres fruitiers bruissant du chant de centaines
d'oiseaux exotiques, tandis que ses bassins regorgeaient de
poissons. Ces jardins étaient depuis longtemps laissés à l'abandon
lorsqu'au XIXᵉ siècle, les Britanniques les remplacèrent par des
pelouses et des buissons taillés. Seul subsiste de ces aménagements
le long bassin dans le miroir duquel se reflète le mausolée.

Les tombeaux de Mumtaz Mahal (ci-dessus) et de Chah Djahan, placés chacun sur un soubassement carré, sont décorés par des motifs de marqueterie incrustés de pierres précieuses. Le tombeau de Chah Djahan est plus grand, mais celui de son épouse repose à l'exact centre du mausolée construit en son honneur.

Le mausolée lui-même est construit dans un marbre blanc presque luminescent, dont la nuance ne cesse de varier avec la lumière – passant du rose au gris perle et au jaune pâle au fil des heures. Le vaste dôme, élément le plus remarquable de l'édifice, s'élève au-dessus du bâtiment carré, sur chaque façade duquel s'ouvre un grand porche à arcade ogivale flanqué de part et d'autre de deux arches superposées. La symétrie constitue un principe fondamental dans l'architecture moghole. Aux quatre coins du bâtiment se dressent quatre minarets élancés, auxquels les constructeurs ont donné une légère inclinaison vers l'extérieur de façon qu'ils ne s'effondrent pas sur le mausolée en cas de séisme. Les tympans des grands porches et des arches sont incrustés de jaspe poli, de jade et d'autres gemmes, et le marbre est lui-même finement sculpté d'arabesques et de motifs géométriques. Les murs sont ornés de sourates du Coran calligraphiées et de motifs végétaux délicatement ciselés.

L'intérieur du mausolée est encore plus spectaculaire. Les arches s'incurvent avec une merveilleuse symétrie autour de la chambre funéraire octogonale, aux murs incrustés de gemmes et ornés de calligraphies. Les arches supérieures sont pourvues de claires-voies de marbre translucide finement filigranées. Un paravent octogonal délicatement ornementé de motifs végétaux, fleurs et pampres de vigne, entoure les cénotaphes de Mumtaz Mahal et de Chah Djahan – enseveli au côté de son épouse en 1666. Leurs corps reposent dans la crypte, la tête tournée vers La Mecque conformément à la tradition musulmane.

Le mausolée surmonté de sa coupole se reflète dans un bassin de marbre blanc. Les allées bordées d'arbres qui l'encadrent soulignent l'effet de perspective qui met en valeur l'édifice.

LE CHEMIN DE FER DU DARJEELING

Pays Inde (Bengale)

Continent Asie

Date de construction 1879–1881

Longueur 86 km

Inscription au patrimoine mondial de l'Unesco :
1999 (chemins de fer de montagne en Inde)

Site Internet www.dhrs.org/

Depuis plus d'un siècle, le chemin de fer Darjeeling
Himalayan Railway relie les plaines de l'ouest du Bengale
à la station de montagne de Darjeeling, sur les contreforts
de l'Himalaya. Ce train est surnommé le *Toy Train* – le
« train jouet » – en raison de l'écartement de la voie, qui n'est
que de 61 centimètres – soit deux pieds. Atteindre l'altitude
de 2 000 mètres sur une distance inférieure à 80 kilomètres
n'a pourtant rien d'un jeu d'enfant ! La ligne gravit les
pentes en zigzag à travers la jungle et les plantations de thé.
Le voyage dure 13 heures, sur fond de sommets enneigés.

CONSEILS AUX VOYAGEURS

Quand s'y rendre - Les meilleures périodes s'étendent de mars à mai et
de septembre à novembre. Les températures estivales sont très élevées.

À voir - Les drapeaux à prières tibétains flottant dans le vent. La région
accueille de nombreux Tibétains qui ont fui leur pays.

Ne pas oublier - Boire un verre de thé fort et brûlant que des femmes tendent
à travers la fenêtre du train depuis les quais des gares de passage.

À l'époque de la domination britannique, Darjeeling était la « capitale d'été » où les Européens trouvaient refuge pour échapper à la chaleur étouffante des plaines. Au milieu du XIXe siècle, plusieurs plantations de thé furent créées autour de la ville et la construction d'un chemin de fer s'avéra nécessaire afin de réduire les coûts de transport. Le chantier entamé en 1879 s'acheva deux ans plus tard. Les ingénieurs surmontèrent les problèmes liés à l'importance du dénivelé et à la vigueur du relief en concevant une ligne à voie étroite qui autorisait des courbes très serrées – y compris plusieurs boucles où la voie tourne sur elle-même. L'année qui suivit l'ouverture de la ligne, il fallut ajouter quatre boucles supplémentaires et quatre sections où le train pouvait faire marche arrière, certaines rampes du tracé original étant trop raides. La ligne connut dès lors un grand succès : en 1910, elle acheminait 170 000 voyageurs et 50 000 tonnes de marchandises.

La boucle de Batasia permet à la voie ferrée d'opérer un virage à 360°. L'obélisque qui se dresse en son centre est un mémorial de guerre.

À l'origine, le Darjeeling Himalayan Railway partait de Siliguri, mais en 1964 la ligne a été prolongée jusqu'à New Jalpaiguri. La compagnie exploite deux locomotives diesels, mais aussi, pour le plus grand bonheur des touristes, douze locomotives à vapeur construites entre 1889 et 1925. Modérée au départ, la pente devient de plus en plus raide à partir de Sukna, à une dizaine de kilomètres après Siliguri. La plaine cède alors la place aux forêts de bambous et aux premières plantations de thé. Bientôt surviennent les premières courbes serrées : peu après la gare de Rungtong, notamment, la voie monte en spirale en décrivant une double boucle. C'est l'un des endroits les plus spectaculaires de la ligne. Mais le plus célèbre de tous est Agony Point, lieu de la boucle la plus serrée du parcours : le train y effectue un tour complet au sommet de la montagne, donnant aux voyageurs l'impression de flotter dans le vide au-dessus de l'abîme. Les vues sur la vallée en contrebas et sur les impressionnants pics de la chaîne du Bhoutan, à l'est, sont absolument prodigieuses.

Le point culminant de la ligne est Ghum, la gare la plus haute du pays, à 2 258 mètres d'altitude. Ghum est toutefois loin d'être la gare la plus élevée du monde : celle de Tanggula, au Tibet, est située à plus de 5 000 mètres. Après Ghum, le train redescend vers Darjeeling, qui apparaît bientôt au milieu des plantations de thé en terrasse, tandis que se détache à l'horizon l'imposante silhouette du mont Kangchenjunga.

Si ce chemin de fer est parfois lent, il permet ainsi aux voyageurs de contempler les superbes points de vue qui s'offrent à eux. Le panorama sur la chaîne de l'Himalaya, et notamment sur le mont Kangchenjunga, troisième plus haut sommet du monde, est grandiose.

Les premiers théiers ont été plantés en 1841. L'expérience s'avérant concluante, les autorités britanniques décidèrent d'en faire une culture commerciale. Il y a aujourd'hui 69 plantations de thé dans le Darjeeling. Celles-ci couvrent une superficie de 200 km² et emploient régulièrement 50 000 personnes – le double à l'époque de la cueillette.

MAKALU

86 A

ANGKOR VAT

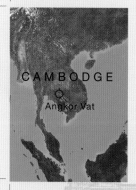

Pays Cambodge (province de Siem Reap)

Continent Asie

Date de construction XIIᵉ siècle

Superficie 400 km² (parc archéologique)

Inscription au patrimoine mondial
de l'Unesco : 1992

Site Internet www.autoriteapsara.org/

L'immense temple d'Angkor Vat, le plus grand monument religieux du monde, émerge de la jungle du centre du Cambodge. Témoignant de la splendeur passée de la civilisation khmère, il constitue l'orgueil du pays dont il orne le drapeau.

Angkor Vat est le plus grand et le plus beau des mille temples qui subsistent à Angkor, la capitale de l'ancien Empire khmer entre le IXᵉ et le XVᵉ siècle. De récentes études ont établi que c'était la plus grande ville du monde à l'âge pré-industriel, avec un million d'habitants. Le temple d'Angkor Vat en constituait le joyau. Ses dimensions sont étonnantes : la hauteur de la tour centrale est de 65 mètres – soit à peu près celle des tours de Notre-Dame de Paris –, et la superficie totale du complexe équivaut à douze fois celle de la Cité du Vatican.

Angkor Vat a été construit au début du XIIᵉ siècle par le roi Suryavarman II (1113-v. 1150) pour être le temple principal de l'État et peut-être le mausolée royal. Vingt ans après la mort du roi, Angkor fut pillée par les Chams, originaires de l'actuel Vietnam. Le roi Jayavarman VII (1125-1215) rétablit l'empire, mais, à la fin du XIIᵉ siècle, le roi Srindravarman (1295-1308) fit du bouddhisme la religion d'État. Le sanctuaire hindouiste d'Angkor Vat fut alors transformé en temple bouddhiste.

Dédié à l'origine à Vishnou, le temple est une représentation symbolique du mont Meru, séjour mythique des dieux

CONSEILS AUX VOYAGEURS

Quand s'y rendre - Entre décembre et mars, quand les températures ne sont pas encore trop élevées. Le choix du mois de novembre permet d'échapper à la foule.

À voir - Les bassins remplis de superbes fleurs de lotus, à la fin de la saison des pluies, en novembre-décembre.

Ne pas oublier - Visiter le site au lever ou au coucher du soleil. Prévoir de bonnes chaussures : le site est étendu et les escaliers nombreux.

Le grand temple d'Angkor Vat est une représentation du mont Meru, séjour mythique des dieux hindous. L'accès aux différents degrés du temple est de plus en plus réservé : au peuple le niveau inférieur, tandis que les souverains et les prêtres peuvent accéder au cinquième niveau.

La réputation du grand temple d'Angkor Vat tient notamment à la richesse de ses ornements décoratifs, et en particulier de ses immenses bas-reliefs. Ceux-ci dépeignent de façon très vivante des scènes mythiques et historiques, telle la procession du roi Suryavarman II, fondateur du site, qui décore la galerie sud du temple.

hindous et centre de l'Univers. Les cinq tours du sanctuaire central représentent les sommets du mont sacré, et les douves larges de 190 mètres symbolisent l'océan primordial. La chaussée dallée qui franchit les douves représente l'arc-en-ciel qui relie le monde des humains à celui des dieux. Elle mène à l'entrée monumentale de l'enceinte extérieure, le gopura ouest, couronné de trois tours partiellement ruinées. On peut admirer, dans l'une d'elles, une grande statue à huit bras de Vishnou qui a été transformée en statue du Bouddha par une simple substitution de tête. De là, une chaussée surélevée longue de 350 mètres conduit au temple proprement dit.

Le premier niveau est ceinturé par une galerie reposant sur des piliers, dont les murs sont ornés de superbes bas-reliefs qui ont fait la renommée d'Angkor Vat. Ce merveilleux décor sculpté, qui était autrefois peint – on peut encore déceler des traces de couleur rouge et de rehauts d'or –, évoque des épisodes des grandes épopées hindoues que sont le Ramayana et le Mahabharata, des batailles et autres événements marquants de l'histoire khmère, ainsi que des scènes de la vie quotidienne. Long de près de 50 mètres, le bas-relief de la moitié sud de la galerie orientale constitue un des chefs-d'œuvre de l'art khmer. Illustrant le grand mythe hindou de la création, le barattage de la mer de lait *(Amritamanthana),* il représente les *devas* – les dieux – et les *asuras* – les démons – occupés à baratter l'océan primordial pour en extraire l'*amrita,* le nectar d'immortalité.

Si Angkor Vat est le plus célèbre temple de l'ancienne capitale khmère, il n'est pas le seul à avoir survécu à cette période ; le temple de Ta Prohm, à la fois monastère et université, fut construit par Jayavarman VII.

BOROBUDUR

Pays Indonésie
(province de Jawa Tengah, Java)

Continent Asie

Date de construction v. 750-850 apr. J.-C.

Superficie 15 000 m^2

Inscription au patrimoine mondial
de l'Unesco : 1991

Site Internet www.borobudur.tv/

Borobudur est le plus grand monument bouddhiste du monde. Ce temple pyramidal aux dimensions colossales couvre une colline qui s'élève au milieu des rizières du centre de l'île de Java, en Indonésie. Vu du ciel, l'édifice dessine un mandala, à la fois représentation de la cosmologie bouddhiste et incitation à la méditation. La construction de Borobudur débuta au milieu du VIIIe siècle, une époque marquée par l'érection de nombreux temples en Asie du Sud-Est. Le temple demeura un centre de pèlerinage pendant quelques siècles avant d'être abandonné. L'éruption du mont Merapi, voisin, ne fut peut-être pas étrangère à ce retournement. Le site resta dans l'oubli pendant des siècles avant d'être redécouvert en 1814 par le gouverneur britannique Thomas Stamford Raffles.

Borobudur se présente comme une pyramide à degrés, dont les six premiers paliers sont de forme carrée et les trois derniers circulaires, le tout couronné par un stûpa central. Le monument se divise en trois parties : le niveau inférieur symbolise le Kamadhatu, ou « monde des désirs », c'est-à-dire le monde physique ; le deuxième niveau est le Rupadhatu, ou « monde des formes », où les hommes se libèrent de l'emprise de leur enveloppe charnelle ; enfin, le troisième niveau représente l'Arupadhatu, ou « monde sans forme », lieu de la perfection et de l'illumination. L'ensemble de la structure reproduit la forme de la fleur de lotus, la fleur sacrée du Bouddha. Les pèlerins suivent un itinéraire en spirale,

CONSEILS AUX VOYAGEURS

Quand s'y rendre - Entre mai et octobre – et plutôt en début de période. En hiver, il y a moins de monde, mais les pluies et l'humidité sont fortes..

À voir - Le site au lever du soleil, lorsque la qualité de la lumière confère au lieu une magie toute particulière.

Na pas oublier - Arriver le plus tôt possible afin d'éviter la foule des touristes qui se densifie rapidement au cours de la journée.

L'immense pyramide à degrés de Borobudur, haut lieu de pèlerinage pour les bouddhistes, se situe au centre de l'île de Java.

Le temple de Borobudur est réputé pour ses dimensions exceptionnelles et pour la beauté de ses ornements. Les bas-reliefs qui guident le pèlerin dans son voyage à travers le monument comptent parmi les plus finement sculptés de cette époque. Les plus beaux ornent le niveau de Rupadhatu, qui correspond au « monde des formes ».

parcourant successivement chaque terrasse en tournant dans le sens des aiguilles d'une montre, jusqu'au sommet. Ils sont guidés dans leur cheminement spirituel par 1 460 bas-reliefs qui illustrent des épisodes de la vie de Bouddha et les principes de son enseignement. Ces panneaux narratifs incluent de nombreuses scènes de la vie quotidienne.

Ce cheminement débute dans le Kamadhatu, plate-forme constituant la base du temple. C'est le niveau le plus richement décoré, avec une série de 160 panneaux décrivant les joies et les peines du monde des désirs. La plupart des bas-reliefs sont masqués par un mur de renfort, sans doute rajouté pour prévenir un risque d'affaissement. Les cinq niveaux suivants, qui représentent le monde des formes, comprennent 1 360 bas-reliefs illustrant des scènes de la vie de Bouddha et de 43 bodhisattvas, qui montrent au pèlerin la voie du détachement. À ces niveaux figurent 432 statues de Bouddha, assises dans des niches dans la position du lotus, qui rappellent aux pèlerins le but ultime de leur voyage. À mesure que l'on progresse vers le sommet de l'édifice, l'ornementation se fait de plus en plus discrète et dépouillée – symbole de l'ascension vers le monde sans forme et le détachement absolu du nirvana.

Après avoir parcouru les corridors des six premiers paliers, de forme carrée, on accède à la première terrasse circulaire de l'Arupadathu, le monde sans forme. Cette terrasse et les deux suivantes sont ornées de 72 petits stûpas ajourés, chacun contenant une statue du Bouddha en méditation. Au centre de la plus haute terrasse s'élève un grand stûpa dont la pointe guide le regard en direction des cieux.

La terrasse supérieure du temple, qui représente Arupadhatu – le « monde sans forme » –, est décorée de statues du Bouddha et de stûpas ajourés, constructions représentant le Bouddha et commémorant sa mort.

LA GRANDE MURAILLE

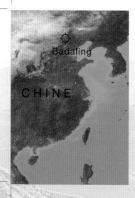

Pays Chine (municipalité de Pékin, district de Yanqing)

Continent Asie

Date de construction 221 av. J.-C.-1644 apr. J.-C.

Longueur Un tiers des 8 800 km initiaux

Inscription au patrimoine mondial de l'Unesco : 1987

Site Internet www.gwoc.info/

La Grande Muraille n'est pas un édifice unique, mais un ensemble de plusieurs murs édifiés entre le VIIIe siècle av. J.-C. et le XVIe siècle de notre ère pour renforcer les frontières nord de l'empire de Chine. Le réseau de remparts, de tranchées et de terrassements qui forment cette immense barrière constitue le plus grand ouvrage jamais construit par la main de l'homme. Des études utilisant les techniques de repérage cartographique les plus récentes ont permis d'établir que la longueur totale de la muraille est de 8 850 kilomètres. Si certaines portions de la Grande Muraille ont disparu, ou sont à présent réduites à l'état de ruine, d'autres subsistent dans un parfait état de conservation.

Les premières fortifications ont été élevées dans les confins nord de la Chine actuelle par les Royaumes combattants qui se partageaient la région. En 221 av. J.-C., Qin Ying Zheng, roi de Qin, conquit les autres Royaumes combattants et unifia le pays, dont il devint le premier empereur sous le nom de Qin Shi Huangdi. Si la dynastie des Qin – qui se prononce «chin'» – ne dura guère, elle donna son nom au pays. Les murailles qui séparaient les anciens royaumes furent démantelées, tandis que celles qui bordaient les frontières du Nord, de la Mandchourie à l'Asie centrale, furent au contraire renforcées pour barrer la route aux tribus peuplant l'actuelle Mongolie. Les dynasties suivantes ajoutèrent plusieurs tronçons à l'ouvrage originel dont il ne reste que peu d'éléments.

CONSEILS AUX VOYAGEURS

Quand s'y rendre - Le printemps et l'été sont les saisons les plus fréquentées. Il y a moins de visiteurs à partir de la fin septembre.

À voir - Des parties plus isolées et moins courues de la muraille, afin de mieux se rendre compte de son utilité originelle.

Ne pas oublier - Ne pas rapporter de pierre en souvenir et éviter d'ajouter son nom aux nombreux graffitis qui dégradent la muraille.

La Grande Muraille est la plus grande construction de l'homme.
Une légende prétendait qu'elle était visible depuis la Lune.

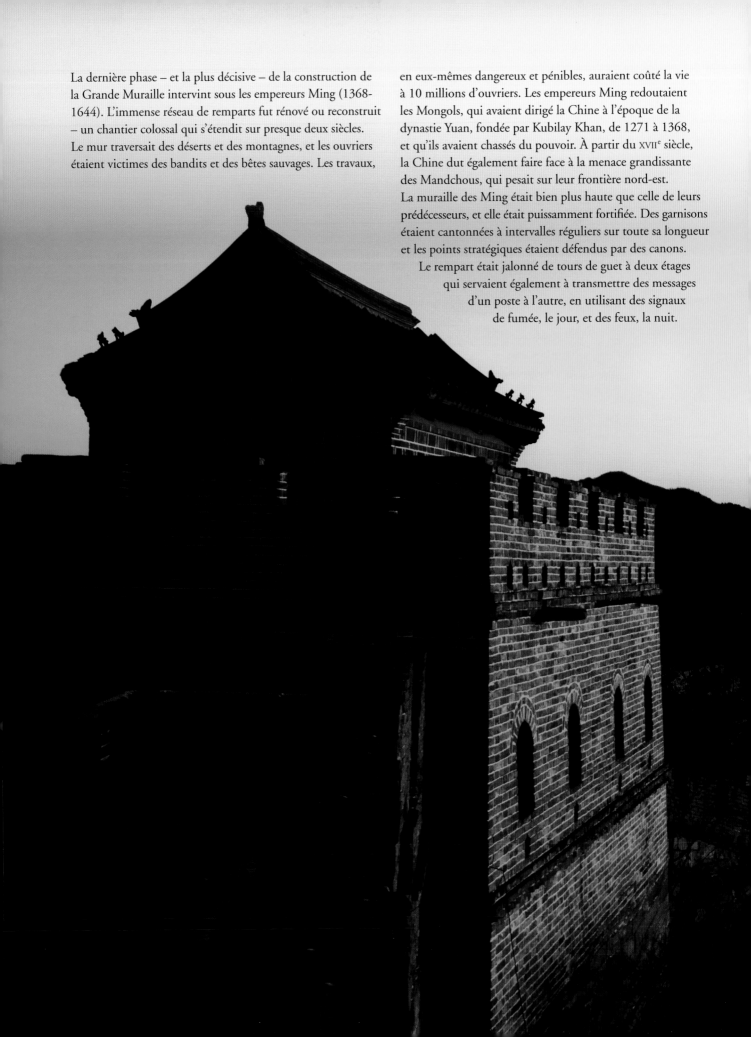

La dernière phase – et la plus décisive – de la construction de la Grande Muraille intervint sous les empereurs Ming (1368-1644). L'immense réseau de remparts fut rénové ou reconstruit – un chantier colossal qui s'étendit sur presque deux siècles. Le mur traversait des déserts et des montagnes, et les ouvriers étaient victimes des bandits et des bêtes sauvages. Les travaux, en eux-mêmes dangereux et pénibles, auraient coûté la vie à 10 millions d'ouvriers. Les empereurs Ming redoutaient les Mongols, qui avaient dirigé la Chine à l'époque de la dynastie Yuan, fondée par Kubilay Khan, de 1271 à 1368, et qu'ils avaient chassés du pouvoir. À partir du XVIIe siècle, la Chine dut également faire face à la menace grandissante des Mandchous, qui pesait sur leur frontière nord-est. La muraille des Ming était bien plus haute que celle de leurs prédécesseurs, et elle était puissamment fortifiée. Des garnisons étaient cantonnées à intervalles réguliers sur toute sa longueur et les points stratégiques étaient défendus par des canons. Le rempart était jalonné de tours de guet à deux étages qui servaient également à transmettre des messages d'un poste à l'autre, en utilisant des signaux de fumée, le jour, et des feux, la nuit.

Ces puissantes fortifications ont bien résisté au temps :
les parties de la Grande Muraille sur lesquelles se pressent
aujourd'hui les touristes ont quasiment toutes été construites
sous la dynastie des Ming.

La paix faillit avoir raison de la Grande Muraille. En 1644,
les Mandchous prirent le contrôle de la Chine et instaurèrent
la dynastie des Qing qui dirigea le pays jusqu'en 1912.
La muraille ne servant désormais plus à rien, des fractions
furent abattues et leurs pierres réutilisées à d'autres constructions,
ou éventrées pour laisser le passage à de nouvelles routes.

La Grande Muraille est menacée. Certaines sections abandonnées
ont disparu, d'autres ont été victimes du vandalisme. Sa préservation,
dans une Chine qui évolue rapidement, demeure un enjeu important.

Plusieurs tronçons de la Grande Muraille subsistent autour de Pékin, notamment
sur le site très visité de Badaling. Le mur, avec ses tours de garde et ses créneaux,
semble serpenter sans fin de colline en colline. Cette apparence justifie la croyance
répandue – mais fausse – que la Grande Muraille est bâtie d'un seul tenant.

LA CITÉ INTERDITE

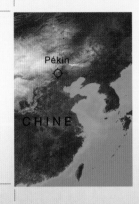

Pays Chine (Pékin)

Continent Asie

Date de construction 1406-1420

Inscription au patrimoine mondial de l'Unesco : 1987 (palais impériaux des dynasties Ming et Qing à Pékin et à Shenyang)

Site Internet www.pekin-2008.net/pekin/la-cite-interdite.html

La splendide et mystérieuse Cité interdite est un vaste ensemble de palais situés au cœur de Pékin. Depuis sa création, il y a 500 ans, elle a été la résidence de vingt-quatre empereurs : construite sous la dynastie Ming, entre 1405 et 1420, la Cité interdite est restée l'épicentre du pouvoir politique en Chine jusqu'à la fin de la dynastie Qing en 1912, date à laquelle Puyi, le dernier empereur, fut contraint d'abdiquer. Il continua de résider dans la Cité interdite avec sa cour jusqu'à ce qu'il en soit chassé en 1924. Le nouveau pouvoir fit du palais impérial un musée.

La Cité interdite, qui couvre une superficie de 72 hectares, constitue le plus grand ensemble de bâtiments anciens en bois existant dans le monde. Sa construction a mobilisé plus d'un million d'ouvriers. Elle compterait 9 999 pièces selon la légende, un peu moins en réalité – on en a dénombré environ 8 700. Ses salles abritent aujourd'hui de superbes œuvres d'art des dynasties Ming et Qing. Ce vaste complexe entouré d'une profonde douve et d'un mur d'enceinte de 8 mètres de hauteur est divisé en deux parties : la cour extérieure, qui était le siège du gouvernement, et la cour intérieure, qui était la résidence de l'empereur et de la famille impériale. L'enceinte est percée de quatre grandes portes – une par côté. La porte du Midi constitue toujours l'entrée principale de la Cité. Elle comprend cinq porches – le porche central était réservé à l'empereur, et nul autre que lui n'était autorisé à le franchir. Derrière la porte du Midi, cinq petits ponts de marbre blanc délicatement

La Cité interdite est entourée par de larges douves. Le reflet des piliers vermillon de la tour du nord-ouest dans les eaux calmes est enchanteur.

Chaque détail de l'architecture de la Cité interdite obéit à un code de couleurs précis.
Les tuiles sont jaunes – la couleur impériale –, tandis que les murs sont peints
en vermillon – une teinte de bon augure qui symbolise le bonheur. À l'intérieur,
les poutres sont recouvertes de diverses nuances de vert et de bleu, couleurs
emblématiques de la longévité et de la prospérité.

ouvragés enjambent la rivière artificielle qui zigzague
dans la cour extérieure. L'eau occupe une place importante
dans l'architecture de la Cité interdite. Sa fonction n'est pas
uniquement décorative : elle assure aussi une protection
contre le feu, qui constitue une menace permanente pour
les bâtiments en bois. Au-delà de la rivière se dresse la porte
de l'Harmonie suprême, qui conduit à la salle du même nom,
le plus grand et le plus bel édifice de la Cité et le centre
du pouvoir impérial. C'est là que l'empereur était couronné,
et qu'il recevait sa cour, assis sur le trône du Dragon. Sous les
Ming comme sous les Qing, il était interdit, dans tout l'empire,
de construire un bâtiment dont la hauteur surpassât celle
de ce palais, symbole du pouvoir impérial. Pour s'entretenir
avec ses ministres ou pour se détendre avant les cérémonies,
l'empereur se retirait dans la salle de l'Harmonie parfaite
– ou de l'Harmonie du milieu –, un pavillon situé entre la salle
de l'Harmonie suprême et la salle de l'Harmonie préservée.
Dans ce dernier bâtiment se déroulaient les banquets officiels
et les examens impériaux. À l'arrière de ce troisième édifice,
l'escalier qui descend vers la porte de la Pureté céleste est orné
en son centre d'une énorme dalle sculptée qui représente
des dragons se disputant une perle au milieu des nuages.

Gardée par deux lions rugissants en bronze doré, la porte de la
Pureté céleste marque la limite entre la cour extérieure et la cour
intérieure, résidence de l'empereur et de sa famille. L'empereur
dormait dans la salle de la Pureté céleste ; sous les Ming,
l'impératrice résidait dans le palais de la Tranquillité sur terre.
Les concubines de l'empereur et leurs enfants étaient logés dans
les pavillons et les petits palais qui entourent la cour intérieure.

Des lions en bronze, en marbre ou en granit montent la garde devant
les principaux édifices. Ils vont toujours en couple, la lionne jouant avec
son petit (à gauche), tandis que le lion a la patte posée sur une balle.

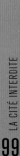

KYOTO

JAPON

○ Kyoto

Pays Japon (Honshu)

Continent Asie

Superficie 828 km²

Inscription au patrimoine mondial de l'Unesco : 1994

Site Internet www.city.kyoto.jp/bunshi/bunkazai/sekaiisan-e.htm

Capitale impériale du Japon pendant onze siècles, Kyoto regorge de palais, de temples, de sanctuaires et de jardins. Dans le quartier de Gion, devant les maisons de thé en bois, on entrevoit parfois des geishas vêtues d'élégants kimonos. Les fêtes traditionnelles, notamment celle de Daimonji à l'occasion de laquelle on allume de grands feux sur les collines, continuent d'être célébrées comme dans les siècles passés. Kyoto n'est pas pour autant une ville musée : c'est au contraire une métropole moderne, hérissée de gratte-ciel ruisselants de néons. Si la culture du Japon ancien y est honorée et respectée, la ville s'enorgueillit aussi d'un dynamisme très actuel.

KYOTO

100

En 794, l'empereur Kammu transféra sa cour à Heiankyo
– «la capitale de paix et de tranquillité». La ville devint
le centre politique, économique et culturel du Japon.
Au XIᵉ siècle, elle prit le nom de Kyoto – «la ville capitale».
L'époque de Heian fut un âge d'or de la culture nipponne,
en particulier dans le domaine des lettres. À partir du XIIᵉ siècle,
toutefois, les clans féodaux, toujours plus puissants et
s'appuyant sur des armées de samouraïs, se déchirèrent.
Le clan Minamoto l'emporta sur les Taira et ses chefs prirent le
titre de shoguns. L'éclat de la cour impériale décrut fortement
et, durant les sept siècles qui suivirent, le Japon fut dirigé par

Fushimi Inari Taisha est un sanctuaire shinto dédié à Inari, la déesse
du commerce. On y accède par un chemin de planches surmonté
de portiques traditionnels, ou *torii,* offerts par de riches commerçants.

les guerriers. Kyoto souffrit des guerres civiles qui ravagèrent
le pays au XVᵉ siècle. Les calamités naturelles – séismes et
incendies – ne l'épargnèrent pas non plus. En revanche,
son caractère symbolique la préserva des bombardements
américains pendant la Seconde Guerre mondiale. Elle demeure
aujourd'hui la ville ancienne la mieux préservée du Japon.

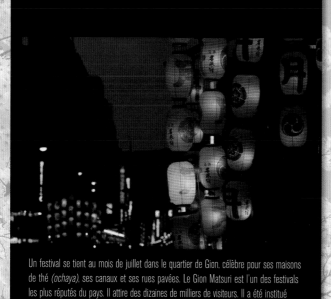

Un festival se tient au mois de juillet dans le quartier de Gion, célèbre pour ses maisons de thé *(ochaya)*, ses canaux et ses rues pavées. Le Gion Matsuri est l'un des festivals les plus réputés du pays. Il attire des dizaines de milliers de visiteurs. Il a été institué au IXe siècle en tant que rituel de purification contre la peste qui ravageait alors le pays.

Kyoto a ainsi conservé son palais impérial qui demeure la résidence de l'empereur et de sa famille. Plusieurs palais se sont succédé sur ce site au cours des siècles ; le palais actuel, qui a vu le couronnement des empereurs Taisho et Showa – ou Hirohito –, a été reconstruit en 1855 après un incendie. Son enceinte abrite les admirables jardins Sento, qui sont tout ce qui reste d'un petit palais détruit par le feu au XIXe siècle.

La ville est parsemée de temples, de sanctuaires et de jardins. Le grand *torii* – portail d'entrée des temples shintoïstes – du sanctuaire Heian Jingu est l'un des édifices les plus emblématiques de la ville. Le sanctuaire lui-même, construit en 1895 à l'occasion du 1 100e anniversaire de la ville, est une reproduction à échelle réduite du palais impérial. Il est entouré de jardins réputés pour la beauté de leurs cerisiers à l'époque de la floraison – le *hanami*. Reconstruite pour la dernière fois en 1643, la pagode à cinq étages du temple Toji, fondé à la fin du VIIIe siècle, est le plus haut édifice en bois existant au Japon.

Le Kinkaku-ji – le Temple du Pavillon d'or – est le plus célèbre monument de la ville. Entièrement recouvert de feuilles d'or, il se mire dans l'eau d'un étang. Ce temple que les guerres et les incendies avaient épargné pendant cinq siècles a été totalement détruit par le feu en 1950, victime d'un moine déséquilibré. Méticuleusement restauré depuis, il s'élève aujourd'hui au centre d'un jardin japonais traditionnel qui est particulièrement beau en automne. Le temple Ryoan-ji, construit en 1450, est quant à lui célèbre pour l'austère beauté de son jardin zen, aux quinze rochers savamment disposés sur un lit de kaolin soigneusement ratissé.

Le temple Kiyomizu – qui a été construit sans l'aide d'un seul clou – s'élève au milieu des cerisiers au sommet d'une colline qui domine la ville. La vue qu'on a depuis ses plates-formes est superbe.

Gion est le quartier traditionnel de Kyoto qui abrite les maisons de geishas, appelées ici *geiko* ou *maiko* pour les apprenties. Ces dames de compagnie superbement maquillées, coiffées et habillées sont de grandes connaisseuses des arts traditionnels japonais, notamment la musique et la danse. On en rencontre parfois dans ce quartier.

ULURU

Pays Australie (Territoire du Nord)

Continent Océanie

Fondation du parc national : 1987

Superficie 1 325 km² (parc national)

Inscription au patrimoine mondial
de l'Unesco : 1987

Site Internet www.environment.gov.au/heritage/
places/world/uluru/index.html

Uluru, que l'on appelait autrefois Ayers Rock, est situé
au cœur du continent australien, à environ 460 kilomètres
à l'ouest d'Alice Springs. Long de 2,5 kilomètres et haut
de 350 mètres, ce monolithe de grès qui émerge abruptement
du sol plat du désert constitue le dernier vestige d'un massif
montagneux aujourd'hui disparu. La région alentour est
habitée par les Anangu depuis au moins 10 000 ans. Le rocher
géant, qu'ils nomment Uluru, est un lieu sacré pour tous
les Aborigènes d'Australie. Ses couleurs étonnantes varient
en fonction de la lumière et de la saison ; au crépuscule,
il se teinte d'un rouge orangé flamboyant.

Quand s'y rendre - L'été austral, d'avril à octobre, offre les températures les plus douces et les pluies les plus réduites.

À voir - Le panorama exceptionnel, notamment au coucher du soleil, depuis le point de vue récemment aménagé de Talinguru Nyakunytjaku.

Ne pas oublier - Effectuer une visite avec un guide local permet d'obtenir des informations sur la culture aborigène.

Uluru a été exploré pour la première fois en 1873 par l'explorateur britannique William Gosse. Ce dernier le baptisa Ayers Rock en hommage à Henry Ayers, alors Premier ministre de l'Australie-Méridionale. Le rocher est longtemps resté connu sous ce nom, mais, depuis 2002, sa désignation officielle est Uluru-Ayers Rock. Dans les premières décennies du XXe siècle, de vastes parties du territoire australien furent transformées en réserves aborigènes; la région d'Uluru fut ainsi incluse dans la South-Western Reserve. Toutefois, le nombre de visiteurs ne cessant d'augmenter, Uluru fut détaché de la réserve dans les années 1950 et sa région transformée

L'immense rocher arbore de superbes couleurs au soleil couchant, du brun-roux au violet en passant par le rouge profond.

en parc national, l'Ayers Rock-Mount Olga National Park, devenu depuis l'Uluru-Kata Tjuta National Park. Restitué aux Anangu en 1985, le territoire est à présent géré conjointement par ses *traditional owners* – ses «occupants traditionnels» – et par la National Park Authority australienne. La région entourant Uluru et les montagnes de Kata Tjuta a été inscrite au patrimoine mondial de l'Unesco en 1987.

Repérable sur plus de quatre-vingt-dix sites autour d'Uluru, l'art rupestre des Anangu – terme employé par les autochtones pour se distinguer des étrangers – relate les mythes de la création et l'histoire des Aborigènes. Les plus beaux exemples, régulièrement rafraîchis comme le veulent les coutumes locales, sont visibles dans la gorge de Kantju.

Uluru et Kata Tjuta occupent une place essentielle dans la mythologie aborigène dont l'élément central est le Tjukurpa, le «Temps du rêve», récit de la création du monde et de ses habitants. Les deux sites sont des traces laissées par les Tjukuritja, les esprits ancestraux qui ont créé le monde. Le récit du Temps du rêve n'est pas écrit, mais transmis de génération en génération par l'entremise de chants, de cérémonies et de danses. Même si une partie de ce savoir demeure secrète et ne peut être révélée aux étrangers, les Anangu s'efforcent de faire partager aux visiteurs leurs croyances et leurs coutumes ancestrales.

Uluru et Kata Tjuta sont entourés de sentiers de randonnée, jalonnés de panneaux indicateurs qui fournissent aux promeneurs des informations sur la faune et la flore de la région, et sur la culture des Anangu. Le plus beau de ces sentiers est l'Uluru Base Walk qui fait le tour complet du rocher, empruntant le chemin suivi par le serpent Kuniya jusqu'à la source de Mutitjulu dans l'un des grands récits du Tjukurpa. Les visites guidées, sous la conduite d'un guide anangu, sont absolument passionnantes.

La faune et la flore du désert qui entoure Uluru comprennent de nombreuses espèces endémiques. Les reptiles abondent dans cette contrée aride – notamment des molochs, étonnants lézards hérissés d'écailles pointues, également appelés diables cornus. On y croise aussi diverses espèces de marsupiaux, dont le grand kangourou roux, qui peut atteindre 60 kilomètres par heure à la course. Parmi les espèces d'oiseaux figurent l'aigle d'Australie, l'epthianure tricolore, et le cacatoès rosalbin.

Le paysage aride qui entoure Uluru et Kata Tjuta semble au premier abord désertique, mais une observation plus attentive permet de découvrir une faune et une flore endémiques, nombreuses et variées.

LA GRANDE BARRIÈRE

Pays Australie (Queensland)

Continent Océanie

Âge 500 000 ans

Superficie 345 400 km²
(parc marin de la Grande Barrière)

Inscription au patrimoine mondial
de l'Unesco : 1981

Site Internet www.gbrmpa.gov.au

La Grande Barrière de corail est le plus grand ensemble
de récifs coralliens du monde : elle compte près de 3 000 récifs
qui constituent un univers sous-marin grouillant de vie.
Située dans la mer de Corail, au large des côtes du Queensland,
au nord-est de l'Australie, elle s'étend sur une longueur
de près de 3 000 kilomètres. La Grande Barrière est l'un des
écosystèmes les plus riches et les plus diversifiés de la planète ;
elle abrite une grande quantité d'espèces aquatiques, dont des
tortues, des dugongs et des crocodiles de mer. Une grande
partie de la barrière est aujourd'hui protégée au sein d'un parc
national, le Great Barrier Reef Marine Park, car ses habitats
très variés recèlent de nombreuses espèces menacées. Célèbre
parmi les amateurs de plongée sous-marine du monde entier,
la Grande Barrière attire chaque année deux millions de visiteurs.

Contrairement à ce que leur apparence pourrait laisser croire,
les coraux ne sont pas des plantes mais des animaux, appelés
cnidaires, embranchement dont font aussi partie les anémones
de mer et les méduses. Vivant en colonies de milliers
d'individus appelés polypes, ils sécrètent des exosquelettes
calcaires qui forment peu à peu les récifs. Le processus est très
lent : un récif corallien croît en moyenne de 1 à 2 centimètres
par an. On estime ainsi que la Grande Barrière est vieille
d'environ 500 000 ans. Celle-ci n'est pas d'un seul tenant ;
c'est en fait une longue chaîne de petits récifs et d'îles.
Au nord dominent les longs bancs de corail, tandis qu'au sud
des récifs plus dispersés alternent avec des îlots sablonneux
appelés cayes. La biodiversité de la barrière est exceptionnelle :
on y dénombre 400 espèces de coraux différentes,
1 500 espèces de poissons et six espèces de tortues de mer.

CONSEILS AUX VOYAGEURS

Quand s'y rendre - Cette destination est praticable tout au long de l'année,
mais la période s'étendant de janvier à mars est particulièrement pluvieuse.

À voir - Le récif de la Grande Barrière abrite la plus importante population
de dugongs, des mammifères marins également appelés « vaches de mer ».

Ne pas oublier - Respecter le corail ainsi que la faune et la flore qui y vivent.
Demander conseil avant de se baigner : certaines méduses sont dangereuses.

Les barracudas ne sont que l'une des 1 500 espèces de poissons qui peuplent
les eaux de la Grande Barrière. Ce sont d'excellents chasseurs qui harponnent
les poissons plus petits grâce à leurs dents longues et recourbées. Leur agressivité
légendaire ne les pousse toutefois pas à attaquer l'homme, à moins d'être provoqués.

La Grande Barrière est la plus grande structure au monde formée par des
organismes vivants. Elle est constituée de près de 3 000 massifs de corail.

La raie manta est l'une des espèces les plus étonnantes vivant dans la Grande Barrière. Elle peut atteindre 7 mètres d'envergure. Ces animaux pacifiques semblent trouver du plaisir à nager en compagnie des plongeurs. Le « diable des mers » – son surnom – se nourrit de krill et de larves de poissons.

L'infinie variété de formes et de couleurs de ce monde sous-marin attire les plongeurs. En dépit des histoires qui circulent çà et là, les attaques de requins visant des hommes sont rarissimes. L'espèce de requin la plus présente dans la Grande Barrière est le requin à pointes noires, qui est discret et timide. De juin à octobre, les baleines et les dauphins longent les côtes orientales de l'Australie durant leur migration vers les zones d'accouplement. Les tortues de mer sont l'une des grandes attractions de la barrière ; elles nagent avec grâce entre les récifs et creusent leurs nids sur les plages de sable blanc des cayes. Les tortues marines et les paisibles dugongs – ou vaches de mer – revêtent une grande importance pour les Aborigènes. Ces derniers sont aujourd'hui considérés, avec les indigènes du détroit de Torres, comme les *traditional owners* – les « occupants traditionnels » – de la Grande Barrière. Plus de 70 clans vivent sur ou à proximité de celle-ci.

La Grande Barrière s'étend de l'île de Fraser, au large du Queensland, jusqu'aux côtes de Papouasie-Nouvelle-Guinée, au nord. Les sites de plongée sont innombrables, mais la ville

de Cairns (122 700 habitants) est la base de départ la plus fréquentée par les amateurs. C'est une grande ville moderne, bien équipée pour l'accueil des touristes, avec un vaste choix d'hébergements et de nombreuses agences spécialisées dans la plongée sous-marine. La Grande Barrière de corail n'est qu'à une heure de mer de là. Port Douglas, à environ 70 kilomètres plus au nord, est une agglomération beaucoup plus modeste (3 000 habitants) située à proximité de sites de plongée fantastiques, notamment ceux des Ribbon Reefs et ceux de Lizard Island. Chacune des quelque 600 îles

Une tortue verte nage au-dessus d'un massif de corail parmi les poissons-anges ducs, les zangles cornus et les poissons-papillons.

qui composent la Grande Barrière possède un attrait particulier. Lady Elliott Island, à l'extrémité sud de celle-ci, est un paradis pour les amoureux de la nature qui veulent observer les tortues et les baleines. Sur l'île de Haggerstone, dans le nord de la barrière, l'exploration sous-marine des jardins de coraux s'enrichit de la présence de l'épave d'un navire ancien.

LA TASMANIE

AUSTRALIE

Zone de nature
sauvage de
Tasmanie

Pays Australie

Continent Océanie

Fondation de la Zone de nature sauvage
de Tasmanie : 1982

Superficie 13 800 km² (Zone de nature sauvage)

Inscription au patrimoine mondial
de l'Unesco : 1982

Site Internet www.parks.tas.gov.au/

La Tasmanie possède l'une des plus vastes étendues
de nature vierge existant encore dans le monde. L'Unesco
a reconnu l'importance de cette région en l'inscrivant sur
la liste du patrimoine mondial, sous le nom de Tasmanian
Wilderness Area – ou « Zone de nature sauvage de Tasmanie ».
Couvrant environ 13 800 kilomètres carrés, cette dernière
englobe six parc nationaux contigus. Le plus célèbre d'entre
eux est le Cradle Mountain-Lake St Clair National Park,
situé au centre de l'île, qui abrite des sommets escarpés
et des alpages qui sont le cadre de fantastiques itinéraires
de randonnée.

CONSEILS AUX VOYAGEURS

Quand s'y rendre - L'été austral, entre décembre et février, est la période
la plus fréquentée. Les couleurs d'automne sont admirables en avril.

À voir - Le diable de Tasmanie, petit marsupial menacé de disparition,
mais dont le mont Cradle abrite une importante population.

Ne pas oublier - Admettre les conditions météorologiques très changeantes.
Ne pas nourrir les animaux sauvages : cela est strictement interdit.

La région du mont Cradle a été l'une des premières zones
protégées en Tasmanie, grâce aux efforts de Gustav Weindorfer,
un botaniste d'origine autrichienne, et de son épouse Kate.
En 1912, ceux-ci se construisirent un chalet en bois de
cèdre du roi Guillaume, l'essence principale de la région,
et entreprirent de faire campagne pour la création d'une
réserve naturelle. Leur chalet, baptisé le Waldheim – la
« maison de la forêt » –, a longtemps servi de gîte d'étape ;
c'est aujourd'hui un musée. Grâce aux Weindorfer, une
partie de la région fut classée « réserve paysagère » en 1922 ;
elle n'est devenue un parc national qu'en 1971.

Le mont Cradle et le lac Dove sont situés au cœur d'un des plus
célèbres parcs nationaux de Tasmanie.

On peut effectuer de belles randonnées autour du mont
Cradle, notamment celle qui fait le tour du lac Dove
en traversant la Ballroom Forest, une forêt tempérée humide
aux troncs couverts de lichens argentés. D'autres itinéraires
sont plus éprouvants, comme l'Overland Track, un trek
de six jours à travers les magnifiques paysages de montagne
de la Tasmanian Wilderness Area. Le parcours de 65 kilomètres

Le mont Cradle (1 545 m), dont les à-pics se reflètent dans les eaux calmes du lac Dove, n'est pas le sommet le plus élevé de Tasmanie, mais il est considéré comme le plus beau. Une vue à 360° à couper le souffle récompense les efforts consentis par les randonneurs qui gravissent ses flancs.

relie le mont Cradle au lac Saint Clair, le lac le plus profond d'Australie. Des variantes permettent d'aller admirer des pics spectaculaires, des gorges et des chutes d'eau : on peut ainsi faire le tour du lac Will, pique-niquer au-dessus de la cascade d'Innes Fall ou encore gravir le mont Ossa, le plus haut sommet de Tasmanie (1 617 mètres), d'où l'on a une vue splendide. Parmi les étapes marquantes de cette randonnée figurent également le mont Acropolis, une étonnante montagne au sommet aplati dont la forme rappelle l'Acropole d'Athènes, ou encore un réseau de petits lacs nommé le Labyrinthe. Le chemin est bien entretenu et le nombre de randonneurs strictement contrôlé pour éviter toute dégradation. Le charme de l'Overland Track réside dans la variété des paysages traversés : sommets rocailleux, plateaux balayés par le vent, forêt humide, prairies fleuries, lacs…

La région du mont Cradle est également réputée pour sa flore, notamment le pandani, une curieuse plante qui ressemble à un palmier, et le fagus, une variété de hêtre endémique de Tasmanie, et le seul arbre à feuilles caduques poussant en Australie. Son feuillage est spectaculaire durant l'automne austral – en avril-mai –, lorsque les feuilles prennent des nuances allant de l'or au rouge sombre. La faune du parc inclut de nombreux marsupiaux, dont le diable de Tasmanie, classé parmi les espèces en danger, et deux espèces de dasyures – des chats marsupiaux –, ainsi que l'étrange ornithorynque et l'échidné, qui ressemble à un hérisson. Également riche, l'avifaune comprend plusieurs espèces endémiques comme l'acanthize de Tasmanie, le réveilleur noir, au puissant bec, et le miro de Tasmanie.

Le parc national du Sud-Ouest abrite des étendues de forêt humide tempérée primitive. Bien que les Tasmaniens chassent dans la région depuis 25 000 ans, on y trouve peu de traces d'habitation permanente.

RAPA NUI

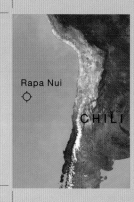

Rapa Nui

CHILI

Pays Chili (océan Pacifique, île de Pâques)

Continent Océanie

Superficie 164 km² (île)

Inscription au patrimoine mondial de l'Unesco : 1995 (parc national)

Site Internet www.rapanui.fr/

L'île de Pâques, que ses habitants appellent Rapa Nui, est l'île habitée la plus isolée du monde. Ce petit triangle de terre, perdu dans l'océan Pacifique à mi-distance entre les côtes chiliennes et Tahiti, est célèbre en raison des mystérieuses statues monumentales qui le parsèment. Appelées *moai* dans la langue des autochtones, ces statues, qui sont au nombre d'un millier, ont été érigées à une époque indéterminée entre l'an 1000 et l'an 1500 de notre ère.

L'histoire du peuplement de l'île reste elle-même un mystère, même si l'on estime généralement que ses habitants sont d'ascendance polynésienne. La théorie la plus couramment admise aujourd'hui par les scientifiques et les anthropologues est qu'un groupe de Polynésiens se serait établi sur l'île entre 400 et 800 apr. J.-C. Dans la mythologie des Rapanuis, le premier homme qui s'installa sur l'île se nommait Hotu Matua – «le Grand Ancêtre». Arrivé avec sa femme, ses six fils et d'autres membres de sa famille à bord de deux canoës, il devint le premier roi, ou *ariki,* de Rapa Nui. D'après les traditions orales recueillies par les premiers missionnaires débarqués sur l'île au XIXᵉ siècle, l'*ariki* était pourvu de pouvoirs surhumains et il exerçait une autorité absolue sur la population insulaire. L'*ariki* occupe une place centrale dans le culte des ancêtres, qui est à l'origine de l'érection des fameux *moai.*

CONSEILS AUX VOYAGEURS

Quand s'y rendre - L'été austral, de janvier à mars, garantit un temps plus chaud et moins de précipitations. L'hiver austral voit l'île moins fréquentée.

À voir - Tukuturi, le *moai* à genoux, qui est la seule statue dotée de pieds présente sur l'île de Pâques.

Ne pas oublier - Se munir d'argent liquide : les cartes de crédit ont peu cours sur l'île. Pratiquer le surf, la natation ou la randonnée à cheval.

Ahu Tahai est un ensemble de trois statues élevées sur des socles, ou *ahus*. Le coucher du soleil offre une toile de fond aux photographes.

On a retrouvé à ce jour environ 900 de ces énormes effigies de pierre, dont près de 400 dans la carrière de Rano Raraku, sur les flancs et dans le cratère d'un ancien volcan; les autres sont disséminées à travers l'île, principalement le long des côtes. Les *moai* sont parfois décrits comme des têtes; en fait, ils représentent des corps complets dotés de têtes disproportionnées. Toutes ces statues sont de taille variable, mais toujours imposantes: le plus grand *moai* dressé mesure 10 mètres de hauteur; un autre, resté inachevé, atteint 20 mètres. Les visages stylisés sont curieusement semblables.

Les «chapeaux» de pierre rouge qui coiffent certains d'entre eux, et dont la fonction demeure inconnue, ont été rajoutés. Les *moai* représentaient les «visages vivants» – *aringa ora* – des ancêtres déifiés. Quasiment tous regardent vers l'intérieur de l'île, en direction du territoire occupé par leur clan. Cette règle n'est toutefois pas respectée par le groupe des sept statues de l'Ahu Akivi qui, elles, sont tournées vers l'océan. On a émis l'hypothèse qu'elles figuraient Hotu Matua et ses six fils. Les *moai* les plus importants étaient érigés sur une plate-forme de pierre appelée *ahu*.

Le site de l'Ahu Akivi présente sept figures de pierre qui, à la différence des autres *moai* élevés dans l'île, sont tournées vers l'océan.

Les gigantesques statues ont été transportées depuis la carrière de Rano Raraku (ci-dessus) vers les autres parties de l'île grâce à des traîneaux ou sur des rondins : si l'île est aujourd'hui dépourvue d'arbres, on en trouvait encore au XVIIᵉ siècle, époque à laquelle l'érection de *moai* semble avoir cessé.

VANCOUVER

CANADA

Vancouver

Pays Canada (Colombie-Britannique)

Continent Amérique

Superficie 115 km² (commune)

Site Internet http://vancouver.ca/

Située sur la péninsule de Burrard, sur la côte Pacifique, Vancouver est la troisième ville du Canada. Elle est adossée à la chaîne côtière qui se dresse en bordure du Pacifique en formant une multitude d'îles et de fjords. C'est le contraste entre ce cadre sauvage et la ville ultramoderne qui confère à Vancouver son charme unique. En 1867, ce n'était qu'un hameau baptisé Gastown – le quartier qui aujourd'hui porte ce nom conserve quelques traces de ce passé. En 1870, une ville nommée Granville fut édifiée sur ce site ; elle fut rebaptisée Vancouver en 1886, du nom d'un explorateur britannique du XVIIIe siècle.

CONSEILS AUX VOYAGEURS

Quand s'y rendre - En dehors de la période estivale, en mai-juin ou en septembre-octobre, de façon à éviter la foule.

À voir - On ne va pas à Vancouver pour ses plages, même si la ville dispose de superbes rivages en plein centre.

Ne pas oublier - Laisser un pourboire d'un montant de 15 % du total de la note. Prévoir des soirées fraîches, même en été.

Le cœur de la ville moderne, que l'on appelle le « Downtown Vancouver », est le quartier des affaires qui concentre aussi les boutiques, les restaurants et les hôtels les plus chics, ainsi que les institutions culturelles les plus prestigieuses comme l'opéra. Le Vancouver Lookout, un belvédère circulaire juché au sommet de la Harbor Center Tower, offre une saisissante vue panoramique sur la ville, les montagnes environnantes et la baie. Au nord-ouest du Downtown, le parc Stanley s'impose, avec ses 400 hectares, comme l'un des plus grands parcs urbains d'Amérique du Nord. Véritable poumon de verdure au cœur de la ville, ce parc abrite l'une de ses plus grandes attractions, l'Aquarium Marine Science Centre et sa merveilleuse collection de créatures marines. Ceux qui préfèrent admirer les baleines et les dauphins dans leur environnement naturel noteront que Vancouver est un excellent site d'observation des cétacés entre juillet et septembre.

Vancouver est bâtie dans un site naturel magnifique, adossée aux sommets des Rocheuses et ouverte sur le détroit de Géorgie.

Huit totems, qui sont l'une des principales attractions de la ville, s'élèvent sur le site de Brockton Point, dans le parc Stanley. Taillés dans le tronc de cèdres rouges, ils sont l'œuvre d'artistes squamish, membres de l'un des peuples premiers présents sur ce territoire depuis des siècles.

Le Downtown Vancouver est également proche de certaines des plus belles plages de la ville, comme Sunset Beach, English Beach – également appelée « First Beach » –, Second Beach et Third Beach. Ville résolument verte, Vancouver est entourée de parcs nationaux, parmi lesquels le Lighthouse Park et le Pacific Spirit Park. Enfin, la ville possède plusieurs jardins botaniques entretenus avec soin comme le Van Dusen Botanical Garden, le Queen Elizabeth Park, le Nitobe Japanese Garden ou encore le jardin botanique de l'université de Colombie-Britannique.

De Vancouver, on peut partir visiter l'île du même nom sur laquelle se situe la ville de Victoria, qui est également la capitale de la Colombie-Britannique : ses demeures de style colonial et ses parcs à l'anglaise datent de l'époque de la domination britannique. Les îles du détroit de Géorgie sont réputées pour la douceur de leur climat et pour le style de vie décontracté de leurs habitants. Les eaux du détroit abritent une faune très riche – orques, marsouins, lions de mer, phoques et otaries –, qui est placée sous la protection du Gulf Islands National Park.

Vancouver est à la fois une grande ville active et un site naturel exceptionnel. Du sommet de la Grouse Mountain, que l'on atteint en téléphérique, la vue sur les lumières de la ville depuis les pistes de ski est surprenante.

LE PARC DE BANFF

Pays Canada (Alberta)

Continent Amérique

Fondation Banff : 1885 ; Jasper : 1907

Superficie Banff : 6 641 km² ; Jasper : 10 878 km²

Inscription au patrimoine mondial de l'Unesco :
1984 (parcs des montagnes Rocheuses canadiennes)

Site Internet www.pc.gc.ca/

Les Rocheuses canadiennes comptent parmi les plus belles
contrées sauvages de la planète. La majeure partie de cette
spectaculaire chaîne de montagnes est protégée au sein
de plusieurs parcs nationaux. Les plus célèbres sont ceux
de Jasper et de Banff. Ces deux parcs contigus couvrent une
grande partie des Rocheuses situées dans l'État de l'Alberta.
On y trouve des paysages grandioses, de superbes stations
de ski, de nombreux aménagements pour les activités
de plein air, et une faune étonnamment variée – dont
les grizzlys et les loups sont les vedettes.

Créé en 1885, le Banff National Park est le plus ancien parc
national du Canada. Il est immense, s'étendant sur plus de
6 600 kilomètres carrés de pics enneigés, de glaciers, d'alpages
et de forêts. Banff, son point d'accès principal, est la ville
du Canada située à l'altitude la plus élevée. Elle est devenue
une destination touristique dès les années 1880, après qu'on
y a découvert des sources thermales. Ces dernières attirent
toujours de nombreux curistes, mais la station offre aujourd'hui
bien d'autres attractions : randonnée, ski, VTT, équitation,
traîneau à chiens, patin à glace, golf, canoë… Si les deux
grandes stations de ski voisines de Banff, Sunshine Village et
Mount Norquay, sont surtout fréquentées en hiver, Banff reçoit
des visiteurs tout au long de l'année. Le parc national totalise
plus de 1 000 kilomètres de sentiers de randonnée dans des

CONSEILS AUX VOYAGEURS

Quand s'y rendre - La période qui s'étend de juillet à septembre est
la meilleure pour randonner, et celle qui va de mars à avril pour faire du ski.

À voir - La promenade de Sunshine Meadows, pour ses points de vue uniques
sur les plus hauts sommets des Rocheuses et ses prairies fleuries.

Ne pas oublier - Contacter l'accueil des parcs pour obtenir des informations
sur les itinéraires de randonnée et les prévisions météorologiques.

Les eaux paisibles du lac Moraine reflètent les sommets enneigés
des montagnes qui entourent la vallée des Ten Peaks – « des Dix Pics ».

paysages magnifiques où les occasions d'observer la faune et la flore ne manquent pas. La zone des lacs Vermilion, notamment, constitue un endroit unique pour observer les oiseaux.

Le parc national de Banff est relié au grand parc de Jasper, au nord, par la célèbre Icefields Parkway Drive – la route des Glaciers –, un itinéraire touristique de 230 kilomètres de long qui traverse de splendides paysages de montagne émaillés de cascades. La route borde notamment le champ de glaciers Columbia, qui en comprend huit majestueux – c'est le plus vaste ensemble glaciaire existant entre le cercle polaire arctique et l'équateur.

Jasper est le plus grand parc national des Rocheuses canadiennes. Il est réputé pour la richesse de sa faune – élans, cougars, grizzlys et ours noirs, notamment. Le parc accueille chaque année trois millions de visiteurs, mais on peut encore

La couleur turquoise des eaux du lac Bow s'intensifie au cours de l'été. Comme bien d'autres lacs du parc national de Banff, le lac Bow est alimenté par les eaux des glaciers très chargées en minéraux, d'où leur couleur.

y trouver des zones vierges de toute présence humaine. La station de ski de Whistler-Blackcomb, modernisée pour les jeux Olympiques d'hiver de 2010, est régulièrement citée parmi les meilleures stations de sports d'hiver du monde, et les possibilités de randonnées à ski sont nombreuses. Le parc est pourvu en équipements de toutes sortes, et l'on peut également y pratiquer des activités de plein air telles que la pêche, la randonnée à cheval, le rafting ou l'escalade de cascades de glace. Le parc de Jasper compte 1 200 kilomètres de sentiers balisés et de nombreux itinéraires de randonnée en montagne, comme la Mount Edith Cavell Road.

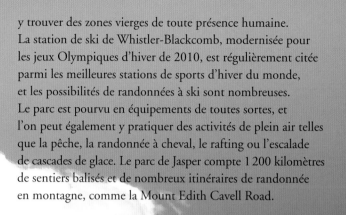

Des écureuils, des marmottes, des porcs-épics et des élans (ci-dessus) peuplent le parc national de Banff, ainsi que des grizzlys et des ours noirs. Parmi les 260 espèces d'oiseaux vivant dans le parc figurent l'aigle d'Amérique, le balbuzard pêcheur ainsi que d'autres plus rares comme le butor d'Amérique, la chouette rayée ou le grand pic.

CHURCHILL

Churchill

CANADA

Pays Canada (Manitoba)

Continent Amérique

Superficie 54 km² (commune)

Site Internet www.townofchurchill.ca/

Petite bourgade de moins de 1 000 habitants, Churchill est l'une des agglomérations les plus isolées du Canada. Elle est située sur les rives de la baie d'Hudson, à l'embouchure de la Churchill River, aux confins nord de l'État du Manitoba. Chaque automne, les ours polaires affluent par centaines dans les environs de ce petit port tranquille, attendant que la baie d'Hudson soit prise par les glaces – c'est en effet sur cette banquise qu'ils chassent les phoques qui constituent leur principale source d'alimentation. Près d'un millier d'ours blancs se rassemblent ainsi chaque année sur la côte

CONSEILS AUX VOYAGEURS

Quand s'y rendre - Les ours polaires s'aventurent jusqu'à Churchill en octobre-novembre. La meilleure période pour l'observation des baleines est juillet-août.

À voir - Ou plutôt à entendre : les pétards que l'on fait exploser pour éloigner les ours des habitations, et qui claquent comme des coups de feu.

Ne pas oublier - Faire un tour dans un bus aménagé pour approcher sans danger les ours polaires. Ne pas se trouver à pied à moins de 100 m d'un ours aux abords de Churchill entre le début du mois d'octobre et la mi-novembre. Pendant cette période, le village, qui s'est fièrement proclamé «capitale mondiale de l'ours polaire», connaît une activité intense. La «saison des ours» attire chaque année à Churchill pas moins de 10 000 visiteurs.

En hiver et jusqu'au début de l'été, les ours polaires se nourrissent des phoques qui abondent sur la banquise de la baie d'Hudson. Lorsque l'été arrive, celle-ci fond et se disloque en plaques qui dérivent – et les ours avec elles –

vers le sud-ouest de la baie. De retour sur la terre ferme, les ours y survivent précairement, se nourrissant de plantes, d'algues et de charognes. Lorsque la température recommence à baisser, ils prennent le chemin du nord. Les effets du réchauffement climatique sur la formation de la banquise affectent gravement les ours polaires dont le nombre est en diminution.

Environ un millier d'ours passent par Churchill au cours de l'automne, attendant que la baie d'Hudson gèle pour poursuivre leur chemin.

Le renard arctique est facile à observer dans la région de Churchill. Sa fourrure passe du gris-brun, quand il est jeune, au blanc, lorsqu'il atteint l'âge adulte. Il se nourrit de lemmings, de lièvres arctiques et même de poissons, et vit dans de vastes terriers qui peuvent abriter plusieurs générations de renards.

Les ours polaires de Churchill se montrent familiers avec les visiteurs qui viennent les observer de près dans des bus spécialement aménagés. Certains sont timides, mais la plupart semblent apprécier l'attention dont ils sont l'objet. Les plus curieux s'approchent à très faible distance des bus.

La faim peut rendre les ours agressifs. Autrefois, on les laissait déambuler librement dans Churchill, mais, à la suite de plusieurs incidents provoqués par des ours affamés, les autorités les regroupent à présent dans un lieu protégé. Les animaux capturés dans le périmètre du village y sont tenus enfermés jusqu'à ce que la baie soit prise par les glaces. Les touristes peuvent quant à eux observer les ours de près en toute sécurité en embarquant à bord de véhicules tout-terrain spécialement conçus, appelés *tundra buggies*.

C'est l'ours polaire, le plus grand carnivore terrestre, qui attire la majorité des écotouristes qui se rendent à Churchill. Le village est aussi un site de choix pour observer les bélugas qui, en juillet et août, affluent par milliers dans les eaux de l'estuaire de la Churchill River pour mettre bas. On peut apercevoir les grands groupes de ces cétacés – et entendre leurs cris aigus – depuis le rivage ou, également, embarquer à bord de bateaux pour suivre de plus près ces magnifiques créatures.

La région est également un paradis pour les amateurs d'ornithologie qui affluent à Churchill au printemps et au début de l'été. Plus de 270 espèces différentes ont été recensées dans un rayon de 40 kilomètres autour du village, parmi lesquelles le harfang des neiges, le cygne de Bewick, le pluvier bronzé et le faucon gerfaut. Les plus chanceux pourront apercevoir la mouette de Ross, une espèce particulièrement rare. On décompte plus d'une centaine d'espèces d'oiseaux sédentaires dans la région, au nombre desquelles figurent le bécasseau à échasses et le bruant noir.

Dans la région de Churchill, les aurores boréales sont observables fin août et de décembre à avril. Ces traînées lumineuses aux teintes jaunes et vertes strient élégamment l'immense ciel nordique.

MONUMENT VALLEY

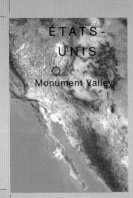

ÉTATS-UNIS

Monument Valley

Pays États-Unis (Utah)

Continent Amérique

Superficie 120 km² (Monument Valley Navajo Tribal Park)

Site Internet www.navajonationparks.org/

Les paysages flamboyants de Monument Valley, avec ses pitons et ses mesas, comptent parmi les plus célèbres du monde. Ils ont servi de décor à des centaines de westerns, dont *La Chevauchée fantastique* de John Ford ou *Il était une fois dans l'Ouest* de Sergio Leone. John Ford disait de Monument Valley que c'était l'endroit le plus beau et le plus paisible du monde. La réserve de la nation navajo embrasse la vallée, à la frontière entre l'Utah et l'Arizona, et elle a toujours fait partie du territoire traditionnel de ce peuple amérindien.

CONSEILS AUX VOYAGEURS

Quand s'y rendre - Les meilleures périodes sont les mois de mai à juin et ceux de septembre-octobre. Juillet et août sont très chauds et très courus.

À voir - Les formations rocheuses auxquelles les Navajos ont donné des noms évocateurs : les Trois Sœurs, le Dragon endormi ou l'Oreille du vent.

Ne pas oublier - Ne pas effectuer d'escalade sans guide : la région est sacrée pour les Navajos qui en limitent l'accès aux visiteurs.

Bien que ne recouvrant pas l'étendue des terres navajos ancestrales, l'actuelle réserve est plus vaste que certains États américains. Elle héberge la plus grande communauté indienne du pays, soit environ 250 000 personnes. Le nom navajo de la vallée est Tse' Bii' Ndzisgaii – « la vallée des rochers ». Celle-ci est administrée par le Monument Valley Navajo Tribal Park qui prélève un droit d'accès modique à l'entrée de l'unique route qui parcourt le site. Cette piste en terre cahoteuse décrit une boucle de 27 kilomètres à travers la vallée, en passant au pied des pitons, des mesas et des buttes qui dominent l'étendue plate et poussiéreuse de la région. Les couleurs sont intenses, en particulier à l'aube et au crépuscule, heures auxquelles la vallée rougeoie comme de la braise. Les scientifiques expliquent que les rouges sont dus aux oxydes de fer, et les noirs violacés aux oxydes de manganèse, mais c'est la variété des jeux de lumière qui fait de ce monde minéral un décor de cinéma.

Les Navajos ont baptisé « les Mitaines » les deux buttes qui siègent à l'entrée de Monument Valley et qui représentent les mains des dieux.

YELLOWSTONE

Pays États-Unis (Wyoming, Montana, Idaho)

Continent Amérique

Fondation du parc national de Yellowstone : 1872

Superficie 8 983 km² (parc national)

Inscription au patrimoine mondial de l'Unesco : 1978

Site Internet www.nps.gov/yell/index.htm

Créé en 1872, le parc national de Yellowstone est le plus ancien parc national d'Amérique du Nord. Situé sur un haut plateau entouré de montagnes, Yellowstone est une région d'intense activité géologique : on y recense des centaines de sources chaudes, de fumerolles et de geysers. Ses paysages riches et variés – vastes étendues de prairies, forêts épaisses, canyons spectaculaires, cascades… – abritent une faune abondante et diversifiée : grizzlys et ours noirs, pumas, wapitis, bisons…

Le parc de Yellowstone possède lui aussi son grand canyon – à ne pas confondre avec celui du Colorado –, creusé au fil des millénaires par la Yellowstone River. Long de 32 kilomètres et profond de 275 mètres, celui-ci est situé en aval des chutes de Yellowstone, de magnifiques cascades qui jaillissent dans un décor de forêts de conifères. La cascade supérieure atteint 33 mètres de hauteur ; la cascade inférieure est encore plus spectaculaire, avec ses 94 mètres – le double de la hauteur des chutes du Niagara. Le spectacle est particulièrement impressionnant au printemps, lors de la fonte des neiges.

On trouve à Yellowstone la plus grande concentration de sources chaudes et de fumerolles existant sur terre. Le geyser Old Faithful – «le Vieux Fidèle» – constitue l'attraction la plus populaire du parc. Ce n'est pas le plus grand geyser du site, ni le plus puissant, mais, comme son nom le suggère, c'est l'un des plus réguliers : il entre en éruption plusieurs fois par jour.

CONSEILS AUX VOYAGEURS

Quand s'y rendre - Juin et septembre sont agréables et pas trop fréquentés. Le parc est beau en hiver, mais la plupart des routes sont fermées.

À voir - La vallée de Lamar, parfois appelée le « Serengeti américain » en raison de la faune abondante qu'on peut y observer.

Ne pas oublier - Prévoir une garde-robe adaptée : les températures peuvent considérablement varier dans la même journée. Ne pas approcher les animaux.

Le grand canyon de Yellowstone, aux parois abruptes, est la plus grande des trois gorges que compte le parc national.

Les éruptions du geyser Old Faithful – le « Vieux Fidèle » – durent entre 90 secondes et 5 minutes, produisant des colonnes de vapeur qui s'élèvent de 40 à 55 mètres dans les airs. Au xixe siècle, les soldats utilisaient le geyser comme machine à laver : les uniformes placés dans son cratère avant une éruption ressortaient propres.

Le parc national de Yellowstone abrite le seul troupeau de bisons sauvages des États-Unis. Fort de 3 000 à 3 500 têtes, ce troupeau est issu des 23 bisons ayant échappé aux massacres opérés au XIXe siècle. En dépit des apparences, le bison américain est agile et court très vite – plus vite qu'un homme.

Le bassin supérieur comprend plusieurs geysers réguliers, dont le Castle Geyser, le Grand Geyser, le Daisy Geyser et le Riverside Geyser. Un chemin recouvert de planches permet d'aller de l'un à l'autre. Le sommet d'Observation Point offre un panorama du bassin.

L'extraordinaire geyser Steamboat – le « Bateau à vapeur » – est le plus grand geyser du monde. Il est situé dans le bassin du geyser Norris, qui est le plus chaud du parc. Dans cette zone à l'aspect lunaire, la vapeur s'échappe en sifflant des multiples failles qui déchirent le sol. Lors de ses éruptions les plus puissantes, le geyser Steamboat peut s'élever jusqu'à 90 mètres de hauteur en faisant trembler le sol, dans un vacarme assourdissant. Mais il est très capricieux : l'intervalle entre deux éruptions peut durer de quatre jours à… cinquante ans. Non loin de là se trouve un champ de fumerolles et de mares de boue bouillonnantes et multicolores désigné sous le nom d'Artists' Paint Pots – la « Palette du peintre ».

Les terrasses calcaires de Mammoth Hot Springs, près de Fort Yellowstone, ressemblent à des dalles géantes empilées au milieu d'une aride plaine de lave. Ces terrasses calcaires s'érodant rapidement, le paysage est en perpétuelle mutation. Fort Yellowstone, un ensemble de bâtiments qui héberge l'administration du parc, a été construit par l'armée. De sa fondation en 1872 jusqu'à la création du Service des parcs nationaux en 1904, c'est en effet l'US Army qui a géré le parc. Celle-ci a construit les routes qui ont remplacé les pistes empruntées par les pionniers. Ce réseau routier long de 225 kilomètres dessert tous les grands sites de Yellowstone.

Le Crested Pool, dont les eaux sont bleu-noir, est l'un des plus étonnants phénomènes géothermiques du bassin supérieur. Bien qu'il ne soit qu'une source chaude, le Crested Pool jaillit parfois comme un geyser.

LES EVERGLADES

Pays États-Unis (Floride)

Continent Amérique

Fondation du parc national des Everglades : 1947

Superficie 6 105 km² (parc national)

Inscription au patrimoine mondial
de l'Unesco : 1979

Site Internet www.nps.gov/ever/index.htm

Poétiquement surnommés « la rivière d'herbe », les Everglades
sont un système mouvant de rivières, de marécages et de
plantes aquatiques qui s'étend sur 11 700 kilomètres carrés.
L'eau s'y écoule lentement depuis le lac Okeechobee jusqu'au
golfe du Mexique, dans le sud de la Floride. Les Everglades
abritent de nombreux écosystèmes interdépendants comme
des ciprières et des mangroves. Leur faune extrêmement
riche comprend plusieurs espèces en danger, parmi lesquelles
la tortue luth et la panthère de Floride.

L'aspect des Everglades est resté quasiment inchangé pendant
des milliers d'années, jusqu'au XIXᵉ siècle. Les premières traces
de présence humaine dans la zone remontent à 15 000 ans.
Celle-ci a été peuplée par diverses communautés amérindiennes
pendant des siècles, dont il ne subsiste plus aujourd'hui que
quelques représentants. La transformation de la région a
débuté au milieu du XIXᵉ siècle, époque à laquelle sont nés
les premiers projets de drainage des Everglades. Au XXᵉ siècle,
la construction de routes et l'extension des zones urbaines
ont réduit de moitié la superficie des zones humides du sud
de la Floride, mettant en péril l'existence même de ce milieu
aquatique unique en son genre. Environ 90 % des échassiers
qui la peuplaient ont disparu et des dizaines d'autres espèces
sont menacées. Le parc national des Everglades a été créé
en 1947 pour préserver ce milieu naturel, mais il ne couvre
que 20 % de la superficie des zones humides. La poursuite

CONSEILS AUX VOYAGEURS

Quand s'y rendre - À la saison sèche, entre décembre et avril : il y a moins
de moustiques et la faune est plus facile à observer autour des points d'eau.

À voir - On recense plus de 2 000 espèces végétales dans le parc,
parmi lesquelles des fougères tropicales et des orchidées Dendrobium.

Ne pas oublier - Emprunter les chemins piétonniers ou les pistes cyclables
qui permettent de découvrir des écosystèmes variés.

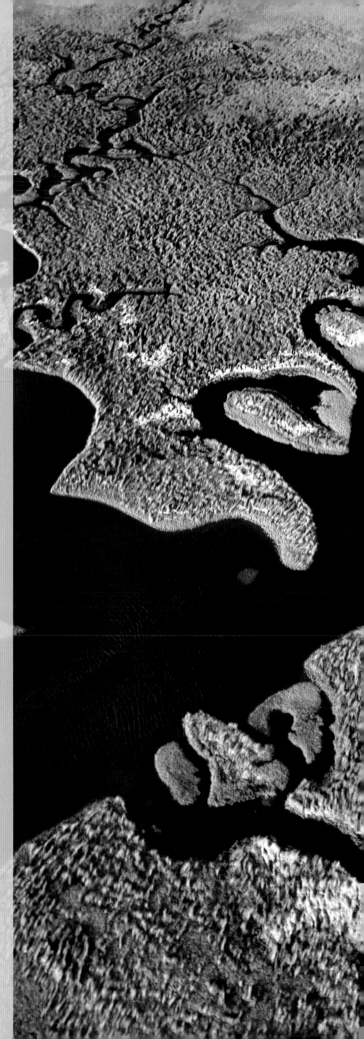

Les Everglades, qui abritent de nombreux écosystèmes interdépendants, constituent l'une des plus vastes zones humides au monde.

La grande aigrette est l'un des nombreux oiseaux aquatiques qui nichent dans les Everglades. On la reconnaît à son plumage blanc, son bec jaune et ses pattes noires. Jusqu'au début du xxᵉ siècle, cet élégant oiseau était chassé pour ses plumes, qui étaient revendues à prix d'or aux chapeliers.

Le sud de la Floride est le seul endroit au monde où des crocodiles et des alligators sont amenés à cohabiter en raison de l'imbrication des milieux aquatiques saumâtre et salé. Les visiteurs peuvent ainsi observer le crocodile américain, de couleur gris-vert, et l'alligator américain (ci-dessus), plus commun, au ventre couleur crème.

du développement économique aux abords reste une menace pour les zones protégées dont la survie demeure précaire.

Le parc national n'en reste pas moins un refuge pour plus de cinquante espèces menacées, dont le crocodile américain et le lamantin des Caraïbes. L'inextricable dédale de ses chenaux offre aux visiteurs la possibilité d'observer de près une multitude d'espèces animales et végétales rares et spectaculaires. Le canoë reste le moyen d'exploration privilégié des Everglades : le parc propose plusieurs itinéraires aquatiques bien balisés et accessibles à tous. Le plus connu est la Wilderness Waterway que l'on peut découvrir en canoë en une semaine environ. Des sites de campement constitués de *chickees* – les cabanes traditionnelles des Indiens Séminoles – ont été aménagés le long du parcours. L'itinéraire emprunte une zone d'estuaire. Avec un peu de chance et de patience, ceux qui s'y aventurent pourront observer des dauphins et des lamantins, ou encore d'élégants échassiers tels la spatule rosée ou l'ibis.

Tout aussi remarquable, l'itinéraire aquatique qui suit le cours de la rivière Turner traverse plusieurs types de paysages, des mangroves, des marécages couverts de laîches – des plantes vivaces des zones humides – et des îles basses couvertes d'arbres aux rares endroits où la terre ferme émerge. Toutes sortes d'animaux vivent dans ces îles auxquels la végétation fournit une nourriture abondante : cerfs de Virginie, lynx roux, chouettes rayées, lapins des marais… D'autres itinéraires qui longent les côtes permettent d'apercevoir des dauphins, des requins, des tortues de mer ou des lamantins.

Les Everglades abritent de vastes forêts de mangroves regroupant les trois espèces de palétuviers : rouge, blanc et noir. Ces arbres sont particulièrement adaptés aux eaux saumâtres qui baignent le parc.

LES MONUMENTS DE WASHINGTON

Pays États-Unis (Washington D.C.)

Continent Amérique

Superficie 177 km² (communre)

Site Internet http://washington.org/

Capitale des États-Unis d'Amérique depuis 1790, Washington compte de nombreux monuments parmi les plus emblématiques de la nation américaine, qui honorent la mémoire des soldats et des hommes d'État qui ont consacré leur vie au service de leur pays. Bon nombre de ceux-ci sont éclairés la nuit, ce qui contribue à la majesté du décor de la ville.

La plupart des monuments sont situés à proximité du National Mall, un vaste espace public en bordure duquel s'élèvent les grandes institutions culturelles de la ville. Cet espace est dominé à l'ouest par le Washington Monument, dédié au premier président des États-Unis, George Washington (1732-1799). S'élevant à 170 mètres de hauteur au milieu d'un parc, cet imposant obélisque, qui se reflète dans un bassin, est devenu dès son achèvement en 1884 l'un des emblèmes de la ville. Il est resté l'édifice le plus haut du monde jusqu'à la construction de la tour Eiffel. Un ascenseur permet d'accéder à la plate-forme aménagée dans la pointe de l'obélisque, d'où l'on découvre une vue panoramique sur toute la ville.

Autre père fondateur des États-Unis, Thomas Jefferson (1743-1826) est honoré par une rotonde néoclassique située sur les rives du Potomac, au sud de la Maison-Blanche. Le Jefferson Memorial a été commencé en 1939 par le président Franklin D. Roosevelt qui fit couper tous les arbres situés entre la Maison-Blanche et le mémorial, de façon à l'avoir sous les yeux depuis ses fenêtres. Une grande statue en bronze de Jefferson se dresse au centre de l'édifice sur les murs duquel sont gravés des extraits de ses écrits, notamment un long passage de la Déclaration d'indépendance de 1776.

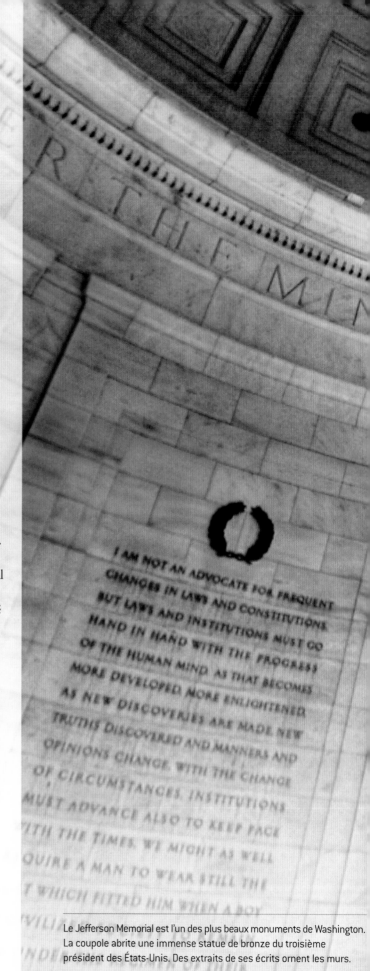

Le Jefferson Memorial est l'un des plus beaux monuments de Washington. La coupole abrite une immense statue de bronze du troisième président des États-Unis. Des extraits de ses écrits ornent les murs.

Le mémorial des anciens combattants du Vietnam, érigé en 1982, est sûrement le monument le plus émouvant de la capitale américaine. Sur deux murs de marbre noir poli qui reflètent le ciel et la nature environnante sont gravés les noms des quelque 60 000 soldats américains morts au cours du conflit.

Grand admirateur de Jefferson, Franklin D. Roosevelt (1882-1945) dispose lui aussi de son mémorial, un grand édifice en plein air formé de quatre espaces symbolisant chacun l'un des quatre mandats du 32ᵉ président des États-Unis. Des statues de bronze composent des scènes qui illustrent l'action de Roosevelt: un homme écoutant à la radio les fameuses «causeries au coin du feu» du président, une file de chômeurs attendant devant une porte close pendant la Grande Dépression… Le président lui-même est représenté assis sur sa chaise roulante en compagnie de Fala, son fidèle fox-terrier.

Le Lincoln Memorial, un grand bâtiment de marbre blanc en forme de temple dorique conçu par Henry Bacon, a été achevé en 1922. La salle centrale abrite une statue monumentale figurant le grand homme assis et pensif. Sur le mur derrière la statue est gravée l'inscription: «Dans ce temple comme dans les cœurs du peuple pour qui il a sauvé l'Union, la mémoire d'Abraham Lincoln est préservée à jamais.» Abraham Lincoln (1809-1865) a dirigé le pays durant la guerre de Sécession et présidé à l'abolition de l'esclavage aux États-Unis. Son discours de Gettysburg, qui a profondément marqué la nation américaine, reste l'un des plus célèbres discours de l'histoire. Lieu hautement symbolique, le Lincoln Memorial a été le théâtre d'autres allocutions restées célèbres. C'est en particulier sur ses marches que le pasteur Martin Luther King a prononcé en 1963 son fameux discours «I have a dream» devant une foule de plus de 200 000 personnes réunies devant le mémorial pour défendre les droits civiques.

Bâti sur le modèle du temple de Zeus à Olympie, le mémorial d'Abraham Lincoln, de style dorique, abrite une statue de six mètres de haut du seizième président des États-Unis.

LA NOUVELLE-
ANGLETERRE

Pays États-Unis (Connecticut, Maine,
Massachusetts, New Hampshire,
Rhode Island, Vermont)

Continent Amérique

Superficie 180 000 km²

Site Internet www.discovernewengland.org/

La nature offre chaque automne un merveilleux spectacle dans
les forêts de la Nouvelle-Angleterre. À partir de la fin septembre,
les feuillages se parent d'une infinie variété de teintes éclatantes
– rouge, or, orange et ocre – qui flamboient sous les rayons
du soleil d'automne. Les six États qui forment la Nouvelle-
Angleterre – le Connecticut, le Maine, le Massachusetts,
le New Hampshire, Rhode Island et le Vermont – comptent
parmi les plus anciens États de l'Union. C'est pourquoi
bon nombre des villes et villages de la région ont une longue
histoire – qui remonte souvent au XVIIᵉ siècle, date de l'arrivée
des premiers colons européens dans le Nouveau Monde.

La majorité des habitants de la Nouvelle-Angleterre vivent
à Boston ou sur la côte. L'arrière-pays montagneux est peu
peuplé et la nature y est restée intacte. La région est en grande
partie couverte d'épaisses forêts d'arbres à feuilles caduques,
qui attirent en automne de nombreux visiteurs surnommés
par les habitants les *leaf peepers* – les «zyeuteurs de feuilles».
La Nouvelle-Angleterre est réputée pour ses gîtes ruraux
et ses «bed and breakfast», pour la courtoisie un peu surannée
et le mode de vie tranquille de ses habitants – toutes choses
qui en font une destination de vacances idéale.

La région offre plusieurs magnifiques itinéraires dont certains
sont classés parmi les routes touristiques d'intérêt national.
La Kancamagus Highway, qui traverse les White Mountains,

CONSEILS AUX VOYAGEURS

Quand s'y rendre - Pour les couleurs de l'automne, de la mi-septembre à
la mi-octobre dans le Nord et de la mi-octobre à la mi-novembre dans le Sud.

À voir - Les orignals qui s'aventurent parfois sur les routes – ce qui réclame
une grande attention de la part des conducteurs.

Ne pas oublier - Réserver longtemps à l'avance pour venir durant l'automne,
car la saison est très courue.

Le feuillage de l'érable prend de superbes couleurs à l'automne.
Cet arbre qui fournit le précieux sirop est très apprécié dans la région.

Le pont de la Slaughter House, qui franchit la Dog, dans le Vermont, a été construit en 1872. Sa structure typique est celle des ponts couverts en bois de la Nouvelle-Angleterre. Le toit protégeait les madriers lourds et coûteux qui composaient le tablier, dont il prolongeait ainsi la durée d'existence.

au cœur du New Hampshire, est l'une des plus belles. Elle est reliée à la White Mountain Trail, elle aussi spectaculaire. Dans cette région, c'est entre la mi-septembre et la mi-octobre que les feuillages sont les plus beaux. Le sommet de la Loon Mountain, que l'on atteint en empruntant une télécabine, offre une vue merveilleuse sur la forêt et les sommets environnants.

Dans le Connecticut, la route de la Last Green Valley, qui relie Brooklyn et Lincoln, traverse certains des villages les plus jolis et les plus anciens de la région. Les feuillages de l'automne dressent un écrin doré aux demeures cossues, aux maisons de quakers et aux églises, toutes de style colonial. Dans l'ouest du Maine, la route des Rangeley Lakes effectue un merveilleux parcours dans un décor de lacs, de forêts, de montagnes et de petits villages pittoresques. Elle passe notamment par le Height of Land, d'où l'on découvre l'un des plus beaux panoramas de la Nouvelle-Angleterre. Peut-être les visiteurs apercevront-ils un orignal au bord de la route – ces cervidés sont familiers de la région. L'itinéraire le plus réputé du Vermont est la Route 100 qui traverse la jolie petite ville historique de Weston et les forêts du parc de Gifford Woods.

La Contoocook, dans le New Hampshire, offre un décor enchanteur. Ses rives sont bordées d'arbres dont le feuillage prend à l'automne de superbes couleurs, et plusieurs élégants ponts de pierre la traversent.

LE JOUR DES MORTS AU MEXIQUE

Pays Mexique
(Pátzcuaro, État du Michoacán)

Continent Amérique

Date 2 novembre

Site Internet www.patzcuaromexico.com/

Chaque année à la fin octobre, les Mexicains se préparent à célébrer El Día de los Muertos – le jour des Morts. Ce jour-là, selon la tradition, les esprits des morts reviennent dans leurs anciens foyers pour entrer en contact avec ceux qu'ils aimaient. Les marchés se couvrent de bouquets de *cempasúchil* – des soucis –, dont il est coutume de fleurir les tombes. Les familles préparent des repas de fête, confectionnent des figurines et des têtes de mort en sucre ou en chocolat, et construisent des autels multicolores pour décorer leurs maisons et accueillir les esprits des morts.

CONSEILS AUX VOYAGEURS

Quand s'y rendre - Le jour des Morts se déroule les 1er et 2 novembre, mais la dernière quinzaine d'octobre est dédiée à la préparation de l'événement.

À voir - Et à manger : le *Pan de la Muerte* – le « pain de la mort » –, disposé à côté des tombes, et autres spécialités. Chaque région a sa propre recette.

Ne pas oublier - Ne pas hésiter à se promener dans les cimetières pour admirer les décorations, mais ne pas filmer sans autorisation.

Le jour des Morts est une étonnante combinaison de la Toussaint, la fête catholique introduite par les colonisateurs espagnols, et de coutumes vieilles de trois mille ans, héritées des civilisations précolombiennes. Cette fête qui pourrait apparaître comme un culte rendu aux défunts est en réalité une célébration de la vie. Les anciens Mexicains croyaient que les âmes ne mouraient pas, mais qu'elles gagnaient le beau et paisible royaume de Mictlán où elles reposaient en paix. Une fois par an, ces âmes rendent visite à leur famille. À l'époque précolombienne, la fête durait tout un mois, entre juillet et août, et marquait la fin de l'année dans le calendrier aztèque. Les célébrations étaient présidées par la déesse Mictecacíhuatl – la « Dame de la Mort ». Il s'agissait d'un événement joyeux, et la commémoration moderne a conservé ce caractère.

Beaucoup de rituels anciens hérités des civilisations indigènes se retrouvent dans la célébration moderne du Día de los Muertos. La *calavera* – la tête de mort – est l'un des principaux symboles de la fête. On en fabrique en pâte de sucre, décorées d'un glaçage multicolore. Cette coutume remonte

La *calavera* – la tête de mort, en espagnol – constitue le principal symbole du jour des Morts. On en trouve partout – en sucre coloré, notamment. La *calavera* est aussi le nom donné aux pamphlets politiques en vers paraissant dans les journaux à l'occasion de cette fête, tradition récente attachée au jour des Morts.

à l'époque précolombienne, lorsque les familles conservaient en souvenir les crânes de leurs défunts, les exposant le jour de la fête des Morts. Alors que dans certaines cultures, le crâne est un symbole de mort, ce n'est pas le cas pour les Mexicains. Le personnage de la Catrina constitue une autre réminiscence des anciennes croyances indigènes. Ce squelette de femme préside aux festivités comme le faisait autrefois la déesse Mictecacíhuatl. Cet avatar créé en 1913 par le graveur José Guadalupe Posada est devenu très populaire dans les années 1920, après la révolution mexicaine.

Le 1er novembre est le Día de los Innocentes – le jour des Innocents –, également appelé le Día de los Angelitos – le jour des Anges –, consacré aux enfants morts dont on va orner la tombe de fleurs blanches et de cierges. Les morts adultes sont honorés le lendemain 2 novembre, qui est le jour des Morts dans le calendrier de l'Église catholique. Les familles se rendent dans les cimetières et décorent les tombes de bouquets de *cempasúchil*, également appelé « fleur aux cent pétales » ou « fleur des morts ». À Pátzcuaro, une ville située au bord du lac du même nom, au nord-est de Mexico, les habitants célèbrent le jour des Morts en fabriquant de petits bateaux en papier appelés *mariposas* – « papillons » – qu'ils vont déposer en procession sur les eaux du lac, à la lueur des bougies. Des milliers de touristes se rendent à Pátzcuaro pour assister aux festivités.

Les cimetières croulent sous la débauche de couleurs des fleurs de souci, le plus souvent utilisées pour cette occasion. Bougies, photos, nourriture et, parfois, couvertures et oreillers sont également disposés sur les tombes.

CHICHÉN ITZÁ

MEXIQUE

Chichén Itzá

Pays Mexique (Yucatán)

Continent Amérique

Construction 600-1000

Superficie 15,5 km²

Inscription au patrimoine mondial de l'Unesco : 1988

Site Internet www.chichenitza.com/

La grande cité de pierre de Chichén Itzá, dans le nord du Yucatán, au Mexique, est l'une des plus remarquables réalisations de la civilisation maya. Importante dès le VIIe siècle de notre ère, la ville est parvenue à l'apogée de sa puissance et de son influence entre le Xe et le XIIe siècle. Abandonnée par la suite, Chichén Itzá était presque totalement engloutie par la jungle lorsqu'elle fut explorée et restaurée au début du XXe siècle. Les fouilles se poursuivent, et la grande cité maya continue de soulever bien des questions, qui pour le moment restent sans réponse.

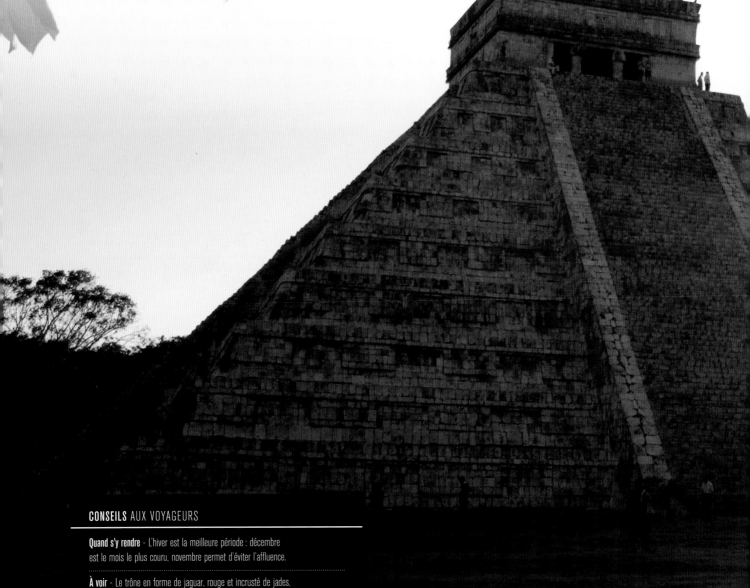

CONSEILS AUX VOYAGEURS

Quand s'y rendre - L'hiver est la meilleure période : décembre est le mois le plus couru, novembre permet d'éviter l'affluence.

À voir - Le trône en forme de jaguar, rouge et incrusté de jades, qui a été découvert dans les profondeurs de la pyramide d'El Castillo.

Ne pas oublier - Arriver le plus tôt possible afin d'éviter les visites groupées et de visiter le site avant que la chaleur ne devienne excessive.

Les Mayas ont compté parmi les plus évoluées et les plus dynamiques des civilisations méso-américaines. Développant les savoirs hérités des civilisations précédentes, notamment des Olmèques, ils avaient atteint un niveau de connaissance remarquable en matière d'astronomie et de calendrier, et conçu un système d'écriture très élaboré. Les Mayas excellaient également dans les domaines de l'agriculture, du tissage et de la poterie, et ils étaient de grands bâtisseurs, comme en font foi leurs imposants temples pyramidaux aux riches décors sculptés. Fait remarquable,

les Mayas ont bâti ces impressionnants édifices sans utiliser d'outils en métal ni recourir à des animaux de trait – et sans même connaître l'usage de la roue. Les temples de Chichén Itzá, ses «observatoires» soigneusement orientés en fonction de la course du Soleil et de la Lune, témoignent de leur extraordinaire savoir-faire.

La pyramide à degrés d'El Castillo est dédiée à Kukulkán, le dieu serpent. Sa position obéit à des données astrologiques propres à la culture maya.

La tour d'El Caracol – « l'escargot », en espagnol – doit son nom à son escalier intérieur en colimaçon. Elle est aussi nommée l'« Observatoire » car, si sa fonction demeure incertaine, la plupart des archéologues s'accordent à penser que celle-ci était d'ordre astrologique, liée à la fascination des Mayas pour la planète Vénus.

Chichén Itzá a été construite à proximité de deux gouffres emplis d'eau douce appelés cénotes. Ceux-ci fournissaient de l'eau tout au long de l'année et jouaient également un rôle important dans les cultes religieux des Mayas. Le plus grand des deux, le Cenote Sagrado – le « cénote sacré » –, recevait les sacrifices faits au dieu de la pluie, Chac. On a retrouvé au fond du gouffre des objets d'or et de jade et des ossements humains.

L'édifice le plus imposant de Chichén Itzá est la pyramide à neuf degrés haute de 24 mètres de Kukulkán, surnommée El Castillo – « le château ». Sa construction obéit à des données astronomiques précises. Le temple était dédié à Kukulkán, le serpent à plumes, dieu de la ville. Les escaliers qui gravissent les quatre faces de la pyramide comprennent 365 marches, égal au nombre de jours dans l'année. La base de l'escalier nord est ornée de deux grosses têtes de serpent : chaque année, à l'équinoxe de printemps (21 mars) et à l'équinoxe d'automne (21 septembre), l'ombre portée de l'arête de la pyramide sur l'escalier se situe dans le prolongement des têtes sculptées, créant l'illusion d'un gigantesque serpent ondulant sur les marches.

Sur la vaste enceinte de pierre proche du Castillo, les Mayas pratiquaient un jeu de balle qui comportait des sacrifices humains. Les bas-reliefs qui entourent le terrain présentent des scènes assez effrayantes : sur l'une, notamment, un joueur est décapité. L'observatoire, également appelé El Caracol – « l'escargot » –, est un autre monument remarquable. Les Mayas étaient d'extraordinaires astronomes : ils savaient calculer les mouvements des planètes, notamment de Vénus et de Mars, avec une extrême précision.

Le temple des Guerriers est orné d'un Chac Mool, statue d'homme à demi couché, appuyé sur les coudes, les jambes repliées et soutenant sur son ventre un plateau destiné à recevoir le produit des sacrifices rituels.

LA HAVANE

Pays Cuba

Continent Amérique

Superficie 721 km ^{2} (commune)

Inscription au patrimoine mondial
de l'Unesco : 1982

Site Internet www.cubatourisme.fr/

La Habana Vieja – les vieux quartiers de La Havane –
est le cœur palpitant de la capitale cubaine : une beauté
exotique et sensuelle, un peu décrépite certes, mais irradiant
toujours un charme certain. Malgré le délabrement des
bâtiments, l'architecture coloniale espagnole conserve toute
son élégance, et cette ville à nulle autre pareille reste plus
que jamais vibrante de vie et de couleurs. Les vieilles Cadillac
que l'on croise parfois dans les rues ajoutent une touche
de glamour rétro, rappelant les jours anciens où l'île était un
lieu de plaisirs pour les vedettes du show-business américain.
Les pulsations de la musique cubaine omniprésente, flottant
par bouffées au-dessus des toits et répercutant leurs échos
aux quatre coins de la ville, achèvent de créer l'ambiance.

La Havane a été fondée par les conquistadores espagnols
en 1515, soit à peine plus de vingt ans après la « découverte »
de l'Amérique par Christophe Colomb. Idéalement située
sur les axes de communication maritimes entre l'Ancien et
le Nouveau Monde, et pourvue d'une magnifique rade naturelle,
la ville prospéra rapidement. Mais l'or qui attirait les aventuriers
espagnols vers le Nouveau Continent excitait aussi les convoitises
des pirates et des corsaires, et la ville se retrouva exposée à des
attaques constantes. Pour y parer, les Espagnols l'entourèrent
de remparts, de redoutes et de tours de guet, dont beaucoup
existent encore aujourd'hui, comme les forteresses d'El Morro
et de La Cabaña qui protègent l'entrée du port.

CONSEILS AUX VOYAGEURS

Quand s'y rendre - En avril ou en septembre, le temps est plus doux et
les touristes moins nombreux. Les cyclones sévissent en septembre-octobre.

À voir - Les images du révolutionnaire Che Guevara, partout présentes,
notamment sur les murs de l'immeuble abritant le ministère de l'Intérieur.

Ne pas oublier - Apprendre quelques mots d'espagnol : l'anglais n'est pas
usuellement parlé. Découvrir l'atmosphère unique des cafés.

Au pied de la cathédrale de style baroque s'étend une place entourée de superbes maisons datant du XVIIIᵉ siècle. On peut admirer cet ensemble depuis la terrasse d'un des cafés installés autour de la place.

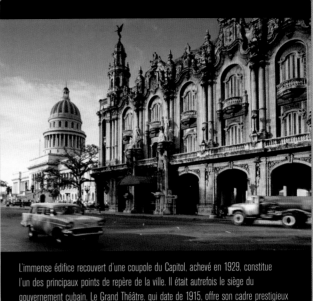

L'immense édifice recouvert d'une coupole du Capitol, achevé en 1929, constitue l'un des principaux points de repère de la ville. Il était autrefois le siège du gouvernement cubain. Le Grand Théâtre, qui date de 1915, offre son cadre prestigieux aux spectacles de ballet et d'opéra.

Maîtres de Cuba pendant près de quatre cents ans, les Espagnols y ont laissé les somptueuses demeures, les églises baroques et les splendides places qui font le charme de *La Habana Vieja*. Important l'architecture espagnole dans l'île, ils ont édifié à Cuba une ville qui évoque Cadix, Ségovie ou Ténériffe. La Plaza de la Catedral, la plus grande place de La Havane, doit son nom à la cathédrale San Cristobal, imposant édifice baroque du XVIIIe siècle, flanqué de deux clochers. La dépouille de Christophe Colomb y a longtemps été conservée avant d'être transférée à Séville à la suite de la défaite espagnole lors de la guerre hispano-américaine de 1898, qui aboutit à l'indépendance de Cuba.

Située près du front de mer, la Plaza de Armas, bordée d'arcades, est la plus ancienne place de la ville. Si elle a changé plusieurs fois d'aspect en cinq cents ans, elle demeure un lieu de rassemblement populaire. À côté d'elle se dresse le Castillo de la Real Fuerza, une sévère forteresse de pierres grises, entourée de douves, construite au XVIe siècle. La girouette en bronze perchée au sommet de sa tour de guet, qui figure une femme appelée la Giraldilla, est devenue le symbole de La Havane.

L'ancien palais présidentiel, édifice néoclassique construit au début du XXe siècle, est à présent un musée consacré à l'histoire de la révolution. Le fleuron de ses collections est le yacht *Granma*, exposé dans un pavillon de verre à l'extérieur du palais. C'est à bord de ce bateau que Fidel Castro, son frère Raul et quatre-vingts autres guérilleros, dont Ernesto «Che» Guevara, rallièrent Cuba depuis le Mexique en 1956 pour déclencher la lutte armée contre le régime corrompu du président Batista.

Des milliers de vieilles voitures américaines roulent encore dans les rues de La Havane, ajoutant une touche d'exotisme au décor de la ville.

LES FORÊTS DE NUAGES DU COSTA RICA

Pays Costa Rica (province de San José)

Continent Amérique

Fondation Réserve de Monteverde : 1972 ;
réserve de Santa Elena : 1992

Superficie 105 km² (réserves)

Site Internet www.monteverdeinfo.com/

Les « forêts de nuages », ou forêts tropicales de montagne, constituent un biotope très rare : ce sont des forêts composées d'arbres à feuillage persistant que l'on rencontre dans les régions de montagne des zones tropicales ou subtropicales. La combinaison d'une humidité élevée et de températures fraîches est à l'origine de la brume qui baigne en quasi-permanence ces forêts luxuriantes peuplées d'une faune très riche. Le Costa Rica possède plusieurs zones de forêts de nuages, notamment dans la Reserva Biológica Bosque Nuboso Monteverde et la Reserva Santa Elena. Si la réserve

CONSEILS AUX VOYAGEURS

Quand s'y rendre - Durant la saison sèche, entre novembre et avril – décembre et janvier étant les mois les plus courus.

À voir - Le quetzal est le symbole de Monteverde. L'espèce est menacée, mais elle est encore bien représentée à l'intérieur de la réserve.

Ne pas oublier - Réserver son entrée : le nombre de visiteurs de la réserve de Monteverde est strictement limité.

de Monteverde est une propriété privée, le Costa Rica a aussi créé cinq parcs nationaux pour protéger ces superbes forêts.

Du fait de la position géographique du pays, à la limite des zones tropicales et des zones tempérées, et de l'extrême variété de ses habitats, le Costa Rica possède une biodiversité supérieure à celle de l'Europe, ou encore celle de l'Amérique du Nord. Les forêts tropicales de montagne jouent un rôle écologique crucial, en captant, stockant et filtrant les eaux qui irriguent le pays. Dans la forêt de nuages, l'humidité

relative de l'air est souvent de 100 %, condition idéale pour la croissance des mousses et des plantes épiphytes – qui poussent sur d'autres plantes, sans être pour autant des parasites. Ces végétaux agissent comme des éponges, s'imbibant d'eau de pluie qu'ils libèrent ensuite lentement dans l'atmosphère.

Le Costa Rica abrite les plus vastes forêts de nuages de la planète. Plusieurs sont gérées par l'État, tandis que Monteverde est une réserve privée. Son fameux Sky Walk – son « chemin dans le ciel », un réseau de ponts suspendus – offre des points de vue époustouflants.

Le toucan à carène est l'une des espèces de toucans présentes dans la réserve de la forêt de nuages de Monteverde. On l'appelle aussi parfois le toucan arc-en-ciel en raison des couleurs éclatantes de son bec qui lui permet de cueillir les fruits

À cheval sur la ligne de partage des eaux entre Atlantique et Pacifique, la forêt de nuages de Monteverde est la plus connue du Costa Rica. La richesse de sa faune et de sa flore est phénoménale : on y trouve plus de 100 espèces de mammifères, dont six de félins, plus de 400 espèces d'oiseaux, des dizaines de milliers de variétés d'insectes, et 2 500 espèces végétales, dont un nombre élevé d'orchidées. La réserve attire chaque année environ 70 000 visiteurs, dont beaucoup sont animés par l'espoir d'apercevoir un quetzal, oiseau au plumage coloré d'une incroyable beauté. Les quetzals constituent aujourd'hui une espèce menacée en raison de la réduction de leur zone d'habitat. C'est en mars et avril, à l'époque de leur nidification,

qu'on a le plus de chances d'en apercevoir. Les mâles adultes se caractérisent par les deux longues plumes de leur queue, qui peuvent atteindre un mètre de long. Le parc compte 13 kilomètres de pistes facilement accessibles. Les visiteurs les plus intrépides s'enfonceront dans les profondeurs de la forêt en suivant des sentiers moins praticables.

Diverses agences situées à proximité de la réserve proposent depuis peu d'autres moyens de découvrir la forêt de nuages. La Sky Walk, une succession de passerelles suspendues au-dessus de la canopée – hors de la zone protégée par la réserve –, est l'une des attractions les plus appréciées des visiteurs.

Le parc national de Braulio Carrillo, situé non loin de San José, présente l'un des plus hauts niveaux de biodiversité du Costa Rica, avec 600 espèces d'arbres, plus de 530 espèces d'oiseaux et 135 espèces de mammifères recensées à ce jour. Sa forte dénivellation lui permet d'abriter des écosystèmes qui vont de la forêt de nuages à la forêt tropicale humide.

On peut aussi effectuer des parcours en téléphérique ou, pour les plus audacieux, en tyrolienne, accroché à une poulie glissant le long d'un câble, ou encore visiter un jardin de papillons. D'autres excursions sont présentées : randonnées nocturnes, promenades à cheval, excursion vers l'Arenal, un volcan tout proche, l'un des plus actifs du monde.

On a également de belles vues sur l'Arenal depuis la réserve Santa Elena, qui jouxte celle de Monteverde. Santa Elena est moins connue que sa grande voisine ; sa flore et sa faune sont moins riches. Son agrément principal tient à sa moindre fréquentation. Parmi ses nombreux attraits figure la spectaculaire cascade San Luis, haute d'une centaine de mètres, une merveille de la nature qui mérite bien les quatre heures de marche nécessaires pour l'atteindre. Un plongeon dans l'eau délicieusement glacée du bassin qui s'ouvre au bas des chutes fera oublier la fatigue de cette longue randonnée à travers la forêt tropicale.

Les forêts de nuages, parfois appelées « forêts de brume », se développent généralement dans les cols des montagnes, où l'humidité des nuages stagne. Ces forêts se caractérisent par la présence d'arbres à feuilles persistantes et par un sol couvert d'un tapis de mousse. Croiser des chutes d'eau est l'un des agréments de la randonnée dans les forêts de nuages.

LES GALÁPAGOS

Pays Équateur (océan Pacifique)

Continent Amérique

Superficie 7 880 km² (archipel)

Inscription au patrimoine mondial
de l'Unesco : 1978

Site Internet www.galapagos.org/

Les Galápagos sont une série d'îles volcaniques éparpillées dans l'océan Pacifique à un millier de kilomètres à l'ouest des côtes équatoriennes. L'archipel comprend treize grandes îles, cinq îles plus petites, et 107 îlots et récifs. Inhabitées pendant la plus grande partie de leur histoire, les Galápagos abritent un nombre très élevé d'espèces animales et végétales endémiques. C'est là, confronté à cet environnement naturel sans équivalent, que le naturaliste britannique Charles Darwin commença à élaborer sa théorie de l'évolution fondée sur la sélection naturelle, qui allait bouleverser toutes les conceptions scientifiques et philosophiques admises jusque-là. Les Galápagos demeurent un «laboratoire vivant de l'évolution» d'une extrême importance pour la recherche scientifique. En 1959, l'archipel est devenu un parc national; depuis les années 1960, il attire un nombre toujours croissant de visiteurs sensibilisés aux problèmes de l'environnement et de l'écologie.

Les îles ont été découvertes par des explorateurs européens en 1535. Elles sont mentionnées pour la première fois sur les cartes en 1570, sous le nom d'Insulae de los Galopegos – «îles des Tortues». Les magnifiques tortues géantes auxquelles les Galápagos doivent leur nom ont été presque entièrement exterminées au XVIIIe siècle par les baleiniers; ayant découvert qu'elles pouvaient survivre pendant plusieurs mois sans boire ni manger, ces derniers les utilisaient comme réserve de viande fraîche à bord de leurs navires.

CONSEILS AUX VOYAGEURS

Quand s'y rendre - Éviter les mois de décembre-janvier et de juillet-août, très fréquentés. La meilleure période pour la plongée s'étend de janvier à avril.

À voir - Lonesome George, la dernière tortue géante de l'île de Pinta, visible au centre de recherches Charles-Darwin.

Ne pas oublier - Ne pas explorer le parc national sans guide. Ne pas approcher ou tenter de toucher les animaux.

Des nombreux sites qu'offre l'île de Santiago, le Pan de Azúcar – le « pain de sucre » –, autrefois gravi par Charles Darwin, est l'un des plus impressionnants. Dans l'île vivent des lions de mer, des iguanes marins, des phoques à fourrure, des tortues et de nombreuses espèces d'oiseaux.

La tortue géante des Galápagos – la plus grande tortue au monde – demeure le symbole de l'archipel. Elle a été sauvée de justesse de l'extinction. Autrefois, environ 250 000 de ces lourds animaux peuplaient les Galápagos. Seules 11 des 15 sous-espèces originelles ont survécu.

L'archipel constitue l'un des premiers spots de plongée au monde. Deux de ces îles les plus petites et les plus isolées – l'île Wolf (Wenman) et l'île Darwin (Culpepper) – offrent des cadres exceptionnels pour les plongeurs confirmés qui pourront y observer des requins-marteaux, des requins-baleines, des raies manta ou léopards.

Une première expédition scientifique se rendit dans l'archipel en 1790, mais les notes recueillies ont été perdues. Le naturaliste Charles Darwin y débarqua le 15 septembre 1835 et entreprit aussitôt une étude approfondie des plantes et des animaux vivant sur les îles. Ses observations allaient servir de base à sa théorie de la sélection naturelle, qu'il exposa dans un ouvrage retentissant paru en 1859, *De l'Origine des espèces par voie de sélection naturelle*. La théorie du naturaliste suscita à l'époque d'intenses polémiques dans les milieux scientifiques et religieux, mais elle est devenue depuis l'une des bases fondamentales de la biologie moderne.

Les Galápagos ont beaucoup changé au cours des dernières décennies. Pratiquement inhabité il y a encore un siècle, l'archipel compte aujourd'hui environ 40 000 habitants, dont la plupart vivent dans la grande île de Santa Cruz. Près de 80 000 visiteurs se rendent chaque année aux Galápagos, dont l'accès est strictement contrôlé afin de protéger l'environnement. Certaines îles sont interdites d'accès ; sur d'autres, des centres d'accueil, aménagés dans les cadres les plus variés, permettent aux visiteurs de découvrir l'extraordinaire diversité de la flore et de la faune de l'archipel. Les centres les plus proches de Santa Cruz sont les plus fréquentés, mais les plus intéressants

sont souvent les plus éloignés. La plupart ne sont accessibles que par bateau. De nombreuses excursions et croisières sont proposées aux visiteurs, notamment à Puerto Isodro Ayora, la plus grande ville de l'archipel.

Créée à Santa Cruz en 1959 pour protéger les espèces animales uniques – et menacées – des Galápagos et leur environnement, la Charles Darwin Research Fundation a lancé un programme d'élevage de tortues géantes. Elle assure aussi la préservation d'une autre espèce endémique en péril, le grand iguane terrestre des Galápagos. L'île d'Española

est particulièrement réputée pour son avifaune. Si les fous à pieds bleus, qui se livrent à de curieuses danses nuptiales au printemps, ne sont pas menacés, il en va autrement de l'albatros des Galápagos, qui est en danger d'extinction. Autre espèce rare et menacée, le cormoran aptère ne vit que sur deux îles, Fernandina et Isabela. Incapable de voler, ce gros oiseau nageur peut mesurer près d'un mètre de haut.

Posé ici sur la queue d'un iguane marin, le géospize des Galápagos, qui développe des caractéristiques différentes selon sa localisation dans l'archipel, a permis à Charles Darwin de fonder sa théorie de l'évolution.

L'INCA TRAIL

Pays Pérou (région de Cuzco)

Continent Amérique

Longueur 45 km

Inscription au patrimoine mondial de l'Unesco :
1983 (Cuzco), 1983 (Machu Picchu)

Site Internet www.incatrailperu.com/

Les Incas bâtirent le plus grand empire qu'ait jamais connu l'Amérique précolombienne. Son étendue et son organisation l'ont fait comparer à l'Empire romain. Son territoire dessinait un croissant de 3 000 kilomètres dans la partie ouest du continent sud-américain ; un réseau de chaussées pavées reliait les contrées les plus reculées de l'empire à sa capitale, Cuzco. Cet empire fut toutefois de courte durée. Il prit son essor en 1438, sous le règne du roi Pachacutec qui imposa la domination inca ; un siècle plus tard, les conquistadors s'emparaient de Cuzco et installaient sur le trône un fantoche à leur solde. Les Espagnols massacrèrent des milliers d'Incas, réduisirent les autres en esclavage dans les mines d'or et d'argent et apportèrent d'Europe des maladies, notamment la variole, qui décimèrent les populations.

La disparition de l'empire n'a pas effacé la culture inca qui subsiste dans son berceau d'origine, dans les hauteurs des Andes péruviennes. Les parures incas survivent dans les costumes traditionnels, et la langue inca, le quechua, demeure la langue amérindienne la plus parlée. Les Espagnols ont détruit Cuzco, mais le réseau de routes pavées parcourant les montagnes, avec ses ponts et ses tunnels, qui rendait de précieux services à l'envahisseur, est resté largement intact. L'Inca Trail – la «piste de l'Inca» –, l'un des treks les plus célèbres et les plus spectaculaires du monde, emprunte certains segments de ces chaussées. Jalonné de ruines incas, ce parcours long

CONSEILS AUX VOYAGEURS

Quand s'y rendre - En mai, le temps est idéal, la végétation est luxuriante et les visiteurs sont rares. Une section de l'Inca Trail est fermée en février.

À voir - Les ruines incas de Wiñay Wayna, qui sont situées au sommet d'une falaise dominant la vallée aménagée en terrasses, sont magnifiques.

Ne pas oublier - Réserver son autorisation au moins trois mois à l'avance. Rester vigilant : la course est rude et le mal des montagnes est à redouter.

La plus grande partie de l'Inca Trail a été aménagée par les Incas. L'empire avait établi un réseau de routes à l'usage des officiels, des messagers, des soldats et des caravanes de lamas. Les sujets ordinaires devaient obtenir la permission d'emprunter ces routes, et des taxes étaient parfois perçues au passage des ponts.

Perchées sur une corniche surplombant la vallée de l'Urubamba, les ruines de Machu Picchu constituent le point d'orgue de l'Inca Trail.

Les 45 km du trajet clasique de l'Inca Trail se parcourent en quatre jours de marche.
La randonnée n'exige aucune compétence particulière en matière d'escalade,
mais les participants auront toutefois intérêt à prendre le temps de s'acclimater.
La plus grande partie du trek se situe à plus de 3 000 m.

de 45 kilomètres remonte la vallée de l'Urubamba, franchissant des torrents et des cols et traversant des jungles et des forêts de nuages. Son point culminant est le col de Warmiwañusca – de « la femme morte » –, à 4 200 mètres d'altitude.

La piste de l'Inca aboutit à Machu Picchu, une cité de pierre perchée au-dessus de la vallée de l'Urubamba. On estime à un millier le nombre d'habitants de la ville. La construction de Machu Picchu a débuté au XVe siècle, sous le règne de l'empereur Pachacutec. La ville a été abandonnée après l'arrivée des Espagnols, pour des raisons encore mal élucidées. Perdue sur son promontoire rocheux entouré de nuages, la cité inca a été peu à peu oubliée. Pendant quatre siècles, seuls les habitants de la région connaissaient son emplacement. Le premier étranger à avoir contemplé de ses yeux ces ruines magnifiques fut l'explorateur américain Hiram Bingham, en 1911, alors qu'il cherchait les ruines de Vilcabamba, le dernier refuge de la résistance inca, tombé aux mains des Espagnols en 1572. Le site est visité chaque année par des centaines de milliers de touristes.

Le rôle exact de Machu Picchu demeure obscur. Certains pensent que la cité était la résidence d'hiver des empereurs incas – elle est située à 2 450 mètres d'altitude, soit un millier de mètres plus bas que Cuzco ; d'autres y voient une citadelle assurant la protection d'une voie commerciale importante ; Machu Picchu aurait aussi pu être un sanctuaire religieux, comme le suggère le fait que les bâtiments les plus imposants de la cité, le temple du Soleil, le temple des Trois Fenêtres et l'Intihuatana, se trouvent dans le quartier sacré.

Les tailleurs de pierre qui ont travaillé sur le site de Machu Picchu étaient très habiles. On prétend que les pierres sèches des murs qu'ils ont élevés sont si jointives qu'aucun brin d'herbe ne peut s'infiltrer entre elles.

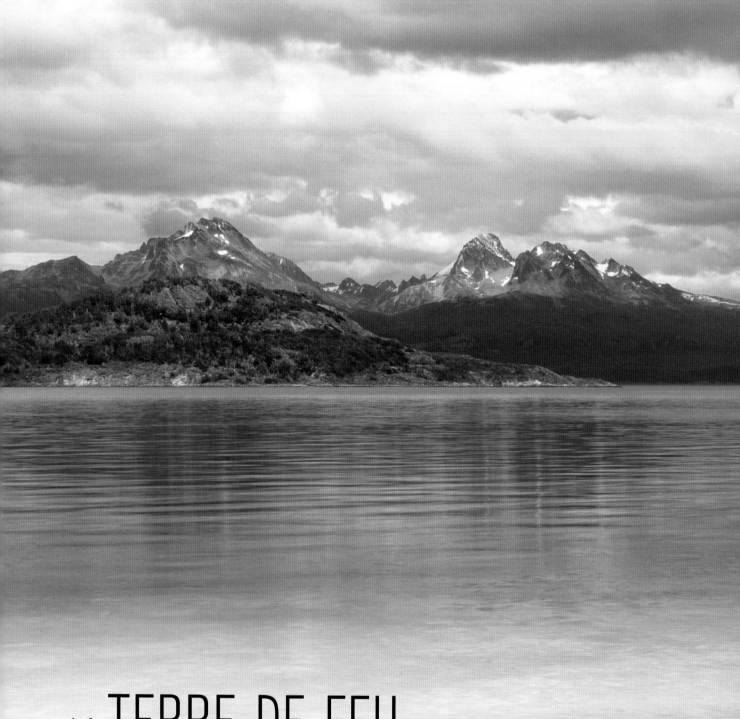

LA TERRE DE FEU

CHILI

ARGENTINE

Terre de Feu

Pays Chili (région de Magallanes) ; Argentine (province de la Terre-de-Feu)

Continent Amérique

Superficie 73 753 km² (archipel)

Site Internet www.tierradelfuego.org.ar/ www.tierradelfuegochile.com/

La Terre de Feu est un vaste archipel sauvage balayé par les vents, à l'extrémité sud du continent américain. Le point le plus austral de l'archipel est le cap Horn. Cette région perdue au bout du monde est froide et inhospitalière : la moyenne des températures est légèrement inférieure à 10 °C en été, et dépasse à peine 0 °C en hiver. La côte est dentelée de fjords spectaculaires et festonnée de glaciers. De vastes étendues de forêt subantarctique recouvrent les îles. Les rares villes et villages que compte la région sont les agglomérations les plus australes du monde.

174

Profond et étroit, le fjord Garibaldi, au Chili, est encadré par des sommets enneigés donnant sur des falaises à pic, et parsemé de blocs de glace à la dérive. Au fond se trouve le glacier Garibaldi dont des pans entiers s'effondrent dans les eaux noires du fjord. En recul depuis plusieurs décennies, celui-ci semble aujourd'hui s'être stabilisé.

Les indigènes Yagan ont été parmi les premiers occupants de la région – les plus anciennes traces de présence humaine remontent à 10 000 ans. Les Yagans étaient des nomades qui passaient d'île en île en canoë. Il ne reste plus aujourd'hui qu'un seul Yagan de pure souche – il est également le dernier à parler le dialecte de cette ethnie. Le nom de « Terre de Feu » peut sembler inapproprié à cette contrée de glace : il lui a été donné au XVIᵉ siècle par le navigateur portugais Ferdinand de Magellan, en raison des nombreux feux des campements indigènes qu'il avait aperçus sur la côte en passant au large.

Le magnifique parc national de la Terre de Feu abrite les massifs les plus méridionaux de la chaîne des Andes. Ceux-ci s'étendent le long de la frontière chilienne jusqu'au canal de Beagle, dans le Sud, près d'Ushuaia, la capitale argentine de la région.

La Terre de Feu est partagée entre le Chili, à l'ouest, et l'Argentine, à l'est. Le tracé de la frontière, établi en 1881, a longtemps constitué une pomme de discorde entre les deux pays. Depuis quelques décennies, la Terre de Feu est devenue

Le guanaco est un camélidé très vif, originaire d'Amérique du Sud, qui peuple les étendues sauvages et arides de la Terre de Feu. De couleur rousse ou brune, ce mammifère au ventre blanc mesure 90 à 120 cm de haut et pèse environ 90 kg. Sa laine extrêmement douce atteint un prix très élevé. Le lama et l'alpaga sont des espèces domestiques issues du guanaco.

une destination particulièrement appréciée des écotouristes, attirés par la beauté sauvage de ses paysages encore vierges et par la richesse et la variété de la faune et de la flore de la région – compte tenu de la rigueur du climat. Non urbanisées et très faiblement peuplées, les îles de l'archipel jouissent d'une tranquillité devenue rare dans le monde moderne. La pêche, la navigation et la randonnée, à pied ou à cheval, figurent parmi les activités les plus appréciées des visiteurs.

Promontoire solitaire battu par les tempêtes, le cap Horn, situé à la jonction des océans Atlantique et Pacifique, se dresse au-dessus d'un point de passage stratégique pour la navigation maritime. Jusqu'à l'ouverture du canal de Panamá en 1914, la dangereuse route du Horn était la seule voie de contournement du continent et ces eaux étaient sillonnées en permanence par les clippers. De nos jours, « doubler le Horn » est devenu un défi sportif qui attire dans la région de nombreux navigateurs.

Le parc national Alberto de Agostini est une magnifique réserve naturelle. Il est si isolé que certaines parties de son territoire n'ont été cartographiées qu'au XXe siècle. Ses montagnes et ses falaises escarpées ont été sculptées par les glaciers – dont le célèbre glacier Marinelli, véritable mur de glace de 40 mètres de hauteur. La rive nord du canal de Beagle est festonnée de glaciers particulièrement impressionnants, qui ont valu au bras nord-ouest du canal d'être surnommé « l'avenue des glaciers ».

La principale chaîne de montagnes de l'archipel de la Terre de Feu est la cordillère Darwin. Elle s'étend d'ouest en est à travers la Grande Île, au Chili. Cette cordillère appartient aux Andes de Patagonie. Elle est dominée par quelques sommets impressionnants, notamment dans les limites du parc national Alberto de Agostini.

CONSEILS AUX VOYAGEURS

Quand s'y rendre - L'été austral, de novembre à mars, est la période la plus chaude et la plus fréquentée. L'archipel peut toutefois se visiter toute l'année.

À voir - Loger dans une ferme est une bonne manière de se pénétrer de l'atmosphère de la Terre de Feu.

Ne pas oublier - Emprunter le chemin de fer à vapeur « Tren del Fin del Mundo » – le Train du Bout du Monde – d'Ushuaia jusqu'aux limites du parc national.

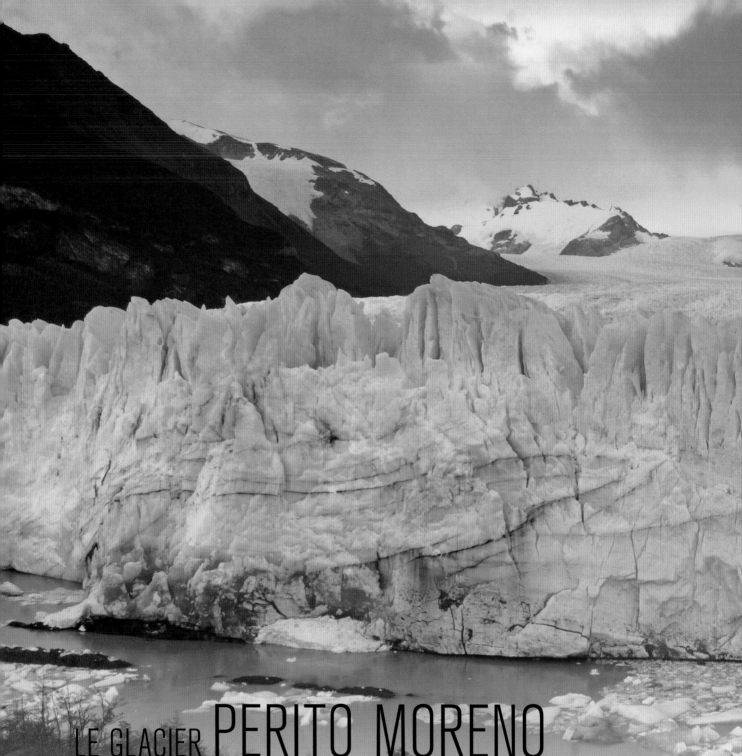

LE GLACIER PERITO MORENO

ARGENTINE

Perito Moreno

Pays Argentine (région de Santa Cruz)

Continent Amérique

Fondation du parc national : 1937

Superficie 5 400 km² (parc national)

Inscription au patrimoine mondial de l'Unesco : 1981 (Parque Nacional de los Glaciares)

Site Internet www.losglaciares.com/

Surnommé « le géant blanc », le glacier Perito Moreno est l'un des plus grands des 356 glaciers du Parque Nacional de los Glaciares, en Argentine, et de loin le plus célèbre. Il est long de 30 kilomètres, et son front est large de 5 000 mètres. Le parc national des Glaciers s'étend sur une superficie de 5 400 kilomètres carrés, dont pratiquement un tiers est recouvert de glace. Ce gigantesque ensemble compte 47 grands glaciers : le plus grand est l'Upsala, qui est long de 50 kilomètres, mais le Perito Moreno est le plus accessible.

Quand s'y rendre - L'activité du glacier atteint son maximum entre les mois de novembre et de mars.

À voir - Plusieurs tour operators basés à Calafate organisent des treks sur les flancs du glacier Perito Moreno.

Ne pas oublier - Découvrir les autres curiosités du parc national comme les steppes arides de Patagonie et les monts Fitz Roy et Cerro Torre.

Des milliers de visiteurs viennent chaque jour admirer le glacier Perito Moreno depuis les promenades en planches aménagées sur les rives du lac, ou depuis le pont des bateaux qui en sillonnent les eaux. D'immenses pans de glace s'effondrent régulièrement dans le lac dans des craquements impressionnants.

Le Perito Moreno, qui avance de 2 mètres par jour, soit environ 700 mètres par an, est l'un des trois seuls glaciers de Patagonie à ne pas être en régression. Cela le rend particulièrement intéressant pour les scientifiques qui étudient le réchauffement climatique.

Le front du glacier s'élève majestueusement au-dessus des eaux bleu foncé du lac Argentino, le plus grand lac du pays, environné de pics recouverts de neige. La caractéristique principale du Perito Moreno, qui a fait sa célébrité, réside dans le fait que sa langue de glace s'étend à travers le lac, formant un barrage qui coupe celui-ci en deux. La pression de l'eau provoque périodiquement une rupture spectaculaire du barrage de glace, qui s'effondre dans un bruit de tonnerre audible à des kilomètres à la ronde. Le phénomène se produit tous les quatre à cinq ans en moyenne.

Le glacier Perito Moreno porte le nom du savant argentin Francisco Pascacio Moreno (1852–1919) – *perito* signifie expert en espagnol.

MANAUS
ET L'AMAZONE

Pays Brésil (État de l'Amazonas)

Continent Amérique

Superficie 8 235 430 km² (forêt)

Longueur 6 400 km (fleuve)

Site Internet www.visitamazonas.am.gov.br/

La forêt amazonienne est la plus grande forêt tropicale du monde. Son immensité est telle que certains des indigènes qui la peuplent n'ont jamais vu d'homme blanc. On y trouve plus d'espèces animales et végétales que dans n'importe quelle autre région du globe. L'Amazone, le fleuve le plus long et le plus puissant du monde, représente à lui seul un cinquième du volume total d'eau douce qui se déverse dans les océans. Quant à l'Amazonie, elle est devenue depuis quelques décennies une destination privilégiée pour l'écotourisme et le port fluvial de Manaus est aujourd'hui le point de départ de croisières sur l'Amazone.

Manaus a été fondée par les Portugais en 1669. Si le commerce des esclaves a joué un rôle important dans son developpement, c'est toutefois le caoutchouc qui a fait sa fortune au XIXe siècle. Les plus beaux édifices du centre historique de la ville datent de cette époque : le célèbre Teatro Amazonas, le palais de justice – qui aurait été inspiré du château de Versailles –, le marché municipal, à l'architecture métallique de style Eiffel, sous la vaste verrière duquel s'entassent des monceaux de fruits et légumes exotiques, de viande et de poissons de toutes sortes.

CONSEILS AUX VOYAGEURS

Quand s'y rendre - La période de pointe du tourisme dans la région amazonienne s'étend de juillet à septembre.

À voir - Le dauphin rose de l'Amazone, le plus grand dauphin d'eau douce, est une espèce menacée.

Ne pas oublier - En cas de croisière sur le fleuve, se munir d'un hamac, de crèmes antimoustique et antisolaire, d'eau, de nourriture et de papier toilette.

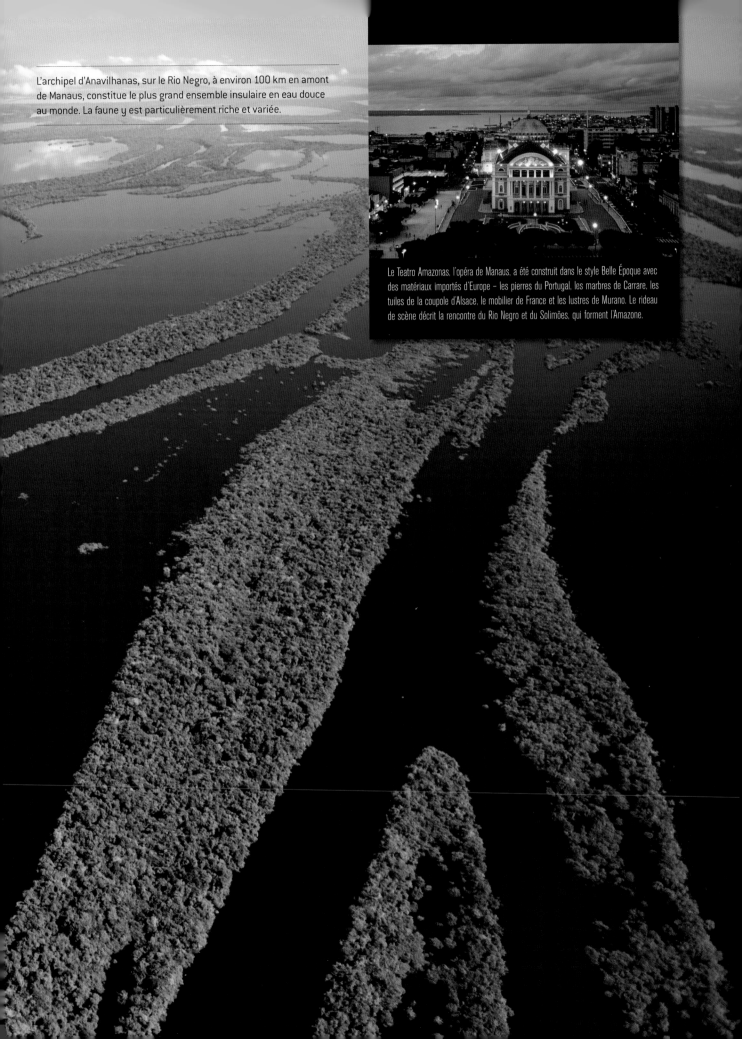

L'archipel d'Anavilhanas, sur le Rio Negro, à environ 100 km en amont de Manaus, constitue le plus grand ensemble insulaire en eau douce au monde. La faune y est particulièrement riche et variée.

Le Teatro Amazonas, l'opéra de Manaus, a été construit dans le style Belle Époque avec des matériaux importés d'Europe – les pierres du Portugal, les marbres de Carrare, les tuiles de la coupole d'Alsace, le mobilier de France et les lustres de Murano. Le rideau de scène décrit la rencontre du Rio Negro et du Solimões, qui forment l'Amazone.

Le paresseux à trois doigts, aussi appelé paresseux à gorge claire, vit dans la canopée de la forêt amazonienne. Il s'accroche si fermement aux branches, avec ses griffes en forme de crochet, qu'il peut dormir ainsi, en se balançant au-dessus du vide. Le paresseux se déplace lentement dans les arbres, et c'est aussi un très bon nageur.

Manaus est situé au confluent du Rio Negro et du Rio Solimões, dont la réunion forme l'Amazone. L'excursion en bateau vers l'Encontro das Águas – « la rencontre des eaux » –, à une dizaine de kilomètres en aval de la ville, est l'une des attractions touristiques les plus courues : les eaux noires comme de l'encre du Rio Negro et les eaux café au lait du Rio Solimões se côtoient sans se mélanger sur plusieurs kilomètres. Depuis le port de Manaus, des bateaux de croisière remontent le fleuve. Les amateurs en profiteront pour pêcher des piranhas et les plus chanceux apercevront des dauphins de rivière ou des caïmans. Les agences de tourisme proposent également des circuits avec hébergement dans des lodges autour de Manaus : les plus isolés d'entre eux offrent des chances d'observer des animaux sauvages.

Le nénuphar *Victoria amazonica* croît dans les eaux peu profondes du bassin de l'Amazone. Ses gigantesques feuilles, qui peuvent atteindre un diamètre de 3 m, flottent à la surface.

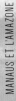

MANAUS ET L'AMAZONE

LES CHUTES D'IGUAÇU

Pays Brésil (État du Paraná),
Argentine (province de Misiones)

Continent Amérique

Longueur 2,5 km

Inscription au patrimoine mondial de l'Unesco :
1984 (parc national de l'Iguazu),
1986 (parc national d'Iguaçu)

Site Internet www.iguazuargentina.com/
www.cataratasdoiguacu.com.br/

Situées à la frontière entre le Brésil et l'Argentine, les chutes d'Iguaçu – Cataratas do Iguaçu en portugais, Cataratas del Iguazú en espagnol – sont les cinquièmes plus hautes chutes d'eau du monde. Contrairement à d'autres cataractes célèbres, comme les chutes Victoria, celles d'Iguaçu ne forment pas un rideau d'eau continu. Elles sont constituées d'une juxtaposition de 275 cascades qui présentent un front de 2 500 mètres de large. Des passerelles et des plates-formes aménagées des deux côtés des chutes offrent de nombreux points de vue différents sur le site – notamment un mirador

CONSEILS AUX VOYAGEURS

Quand s'y rendre - Le débit des chutes est le plus fort à la saison des pluies, entre décembre et mars. Les périodes de Noël et de Pâques sont très fréquentées.

À voir - Les visites des chutes à la lueur de la lune sont particulièrement romantiques.

Ne pas oublier - Prévoir assez de vêtements pour affronter un climat imprévisible – et notamment, bien sûr, des vêtements imperméables.

entouré par les cataractes. Les plus grandes chutes sont situées du côté argentin, mais c'est le côté brésilien qui offre les vues les plus spectaculaires.

Iguaçu signifie «les grandes eaux» dans la langue des Indiens guarani. Une légende guarani raconte qu'un puissant dieu serpent tomba un jour amoureux d'une jeune fille nommée Naipi et la demanda en mariage. Mais la belle s'enfuit en pirogue avec son amoureux, Taroba. Furieux, le dieu serpent, frappa la rivière de sa queue, creusant une énorme gorge dans laquelle la rivière chuta. Naipi fut transformée en un rocher flagellé par les eaux pour l'éternité, et Taroba en un palmier penché sur le rebord de la falaise. Le premier Européen à avoir contemplé les chutes fut l'explorateur espagnol Álvar Núñez Cabeza de Vaca, en 1541 – l'une des cascades située du côté argentin porte aujourd'hui son nom. Les chutes sont ensuite

Les chutes d'Iguaçu, qui se brisent en quelque 275 cataractes distinctes, peuvent être admirées à la fois depuis le Brésil et l'Argentine.

Les chutes constituent la principale attraction de deux parcs nationaux, l'un au Brésil, l'autre en Argentine. Ceux-ci ont été créés dans le but de préserver la forêt tropicale qui entoure les chutes et la faune que celle-ci abrite. Le jaguar (ci-dessus) et le crick à ventre bleu – un perroquet – font partie des espèces menacées de la region.

tombées dans l'oubli jusqu'à leur redécouverte au XIXe siècle. Elles sont alors devenues une attraction touristique : le site est aujourd'hui l'un des plus visités d'Amérique du Sud.

De toutes les cataractes d'Ignaçu, la plus spectaculaire est celle de la Garganta del Diablo – la gorge du Diable. Elle s'effondre au fond du canyon avec une telle puissance qu'elle est généralement surmontée par un nuage d'embruns zébré d'arcs-en-ciel haut de 30 mètres. Formant un fer à cheval large de 80 mètres et haut de 150 mètres, elle donne au visiteur l'impression que l'eau tombe tout autour de lui. Le bruit est assourdissant – les chutes d'Ignaçu comptent parmi les plus puissantes du monde, avec un débit pouvant atteindre 6 500 mètres cubes à la seconde. C'est depuis une plate-forme d'observation située à l'extrémité d'une longue passerelle en planches, côté brésilien, que l'on a la meilleure vue d'ensemble sur cette cascade. Pour la voir de plus près encore, on peut emprunter un chemin qui longe la rivière du côté argentin : les sensations fortes sont garanties, et l'on se fait copieusement arroser – des imperméables sont fournis sur place. Parmi les autres cascades remarquables figurent le Salto San Martin, le Salto Bossetti et le Salto Bernabé Mendez. Approcher les cascades en bateau est une expérience particulièrement excitante : des promenades en jet-boat sont organisées des deux côtés de la frontière. Enfin, les mordus des sports extrêmes peuvent descendre en rappel le long de la falaise, entre les cataractes.

Le côté brésilien (ci-contre) offre les meilleures vues d'ensemble sur les chutes d'Iguaçu ; le côté argentin est équipé d'un réseau de chemins de planches qui permet de s'approcher au plus près des cataractes.

LA VALLÉE
D'HAUKADALUR

Pays Islande

Continent Europe

Site Internet www.icelandportal.com/

ISLANDE

Haukadalur

Du point de vue géologique, l'Islande est l'une des contrées les plus jeunes et les plus actives de la planète. Des glaciers rampent sur sa surface gelée, tandis que des volcans bouillonnent dans les profondeurs de son sous-sol. Cette rencontre entre le feu et la glace crée des paysages insolites qui semblent appartenir à un autre monde : des sources d'eau chaude fument au milieu des plaines couvertes de neige, des geysers projettent leur panache de vapeur bouillante dans le ciel.

La vallée d'Haukadalur, dans le sud de l'Islande, est parsemée de sources chaudes et de fumerolles – des fissures volcaniques qui fument doucement et d'où fuse parfois en sifflant une mince colonne de vapeur et de gaz. La région abrite le fameux Grand Geyser, la source chaude éruptive la plus anciennement connue au monde – on en possède des descriptions qui datent du XIIIe siècle. C'est lui qui a donné son nom au phénomène – *gjosa* signifie jaillir en islandais. Au meilleur de sa forme, le Grand Geyser projetait une colonne de vapeur haute de 60 mètres. Il est resté très actif jusqu'au début du XXe siècle, puis s'est assoupi. En 2000, un regain d'activité volcanique souterraine l'a tiré de son sommeil et il entre à présent en éruption de façon irrégulière, une ou deux fois par jour. Heureusement pour les visiteurs, son voisin, le geyser Strokkur, est très régulier, offrant un spectacle garanti : les éruptions de vapeur et d'eau bouillante à 30 mètres de hauteur se produisent toutes les cinq à dix minutes.

Strokkur – « la baratte » – est le plus régulier des geysers d'Islande. Quand il fait très froid, l'eau qui jaillit des entrailles de la Terre gèle avant de retomber sur le sol dans un fracas de glace brisée.

CONSEILS AUX VISITEURS

Quand s'y rendre - L'Islande a de quoi séduire toute l'année, avec ses nuits blanches en été et ses festivals en hiver.

À voir - La station thermale de Blue Lagoon, située à 45 km de Reykjavik, pour se baigner dans un lac d'eau chaude au milieu d'un paysage volcanique.

Ne pas oublier - Goûter au *hákarl* – une spécialité de requin fermenté – accompagné de Brennivín – un alcool de pomme de terre aromatisé au carvi.

INDEX

190

191

CRÉDITS PHOTOGRAPHIQUES

Catalogage avant publication de Bibliothèque et Archives nationales du Québec et Bibliothèque et Archives Canada

Gallagher, Mary-Ann

Destinations de rêve : les plus beaux endroits du monde

Traduction de: Dream destinations.

ISBN 978-2-89654-185-0

1. Voyages - Guides. 2. Lieux de villégiature - Ouvrages illustrés. I. Titre.

G153.4.G3414 2010   910.2'02   C2010-941355-5

Pour l'aide à la réalisation de son programme éditorial, l'éditeur remercie :
Le gouvernement du Canada par l'entremise du Programme d'aide au développement de l'industrie de l'édition (PADIÉ) ; la Société de développement des entreprises culturelles (SODEC) ; l'Association pour l'exportation du livre canadien (AELC). Le gouvernement du Québec – Programme de crédit d'impôt pour l'édition de livres – Gestion SODEC.

Pour l'édition de France
© 2010, GEO / Prisma Presse

Éditions Prisma :
Direction : Pierre-Olivier Bonfillon
Directrice éditoriale : Françoise Kerlo
Responsable d'édition : Marilyn Chauvel
Responsable de production : Alexandre Zimmowitch
Réalisation : ATE
(traduction : Christophe Reverchon)
Photogravure : A'GRAPH
(Joinville-le-Pont)

Pour l'édition du Canada
Copyright © Ottawa 2010 Broquet inc.
Dépôt légal – Bibliothèque et Archives nationales du Québec
3e trimestre 2010

ISBN 978-2-89654-185-0

Imprimé en Chine